Klaus und Do

Informationen zum Buch

In der 1968 noch in Wuppertal beheimateten »Neue Rhein Zeitung« (NRZ) veröffentlichten die Redakteure Klaus und Doris Jann vom 13. Januar bis 12. März 1968 eine Aufsehen erregende umfangreiche und sorgfältig recherchierte Artikelserie zum Widerstand gegen die NS-Diktatur in Wuppertal. Sie war zu der Zeit die umfassendste wissenschaftlich-historische Aufarbeitung zum Widerstand gegen den Faschismus. Die Artikelserie hat angesichts der derzeitigen politischen Entwicklungen nichts von ihrer mahnenden Aktualität verloren.

Eindrucksvoll schildern sie darin die soziale und weltanschauliche Breite des Widerstandes sowie seine vielfältigen Formen. Die Artikelserie wurde von zahlreichen Leserbriefen begleitet und erlangte schnell überregionale Bedeutung für die wissenschaftlichen Forschungen zum Widerstand gegen den Nationalsozialismus.

Bereits in der NRZ-Ausgabe vom 9. März 1968 äußerten Klaus und Doris Jann die Absicht, die Artikelserie als Buch herauszugeben. Dazu ist es leider nicht gekommen. Fünfzig Jahre danach geht ihr großer Wunsch in Erfüllung! Die Kreisvereinigung Wuppertal der Vereinigung der Verfolgten des Naziregimes /Bund der Antifaschistinnen und Antifaschisten (VVN/BdA) – deren Mitglieder Klaus und Doris Jann waren – beschloss nach dem Ableben von Klaus und Doris, auf ihrer Mitgliederversammlung die Herausgabe der Artikelserie als Buch durch Sebastian Schröder und Dirk Krüger zu unterstützen.

Klaus und Doris Jann

nachts, wenn die Gestapo schellte …

Dokumentation einer Artikelserie über den
Wuppertaler Widerstand gegen die
Nazidiktatur 1933 bis 1945

Herausgegeben von Sebastian Schröder
und Dirk Krüger

Veröffentlicht vom 13. Januar bis 12. März 1968
in der NRZ – »Neue Rhein Zeitung«

NORDPARK

Bibliografische Information der Deutschen Nationalbibliothek
Die Deutsche Nationalbibliothek verzeichnet diese Publikation
in der Deutschen Nationalbibliografie; detaillierte bibliografische
Daten sind im Internet über http://dnb.d-nb.de abrufbar.

Originalausgabe
2018
© dieser Ausgabe NordPark Verlag, Wuppertal
Das Werk ist urheberrechtlich geschützt
Gesetzt in der Minion
Herstellung: Books on Demand GmbH, Norderstedt
Printed in Germany
ISBN 978-3-943940-33-6

NordPark Verlag · Klingelholl 53 · D 42281 Wuppertal
www.nordpark-verlag.de

Die Texte wurden vorsichtig der neuen Rechtschreibung angepasst
und offensichtliche Druck- und Verständnisfehler korrigiert.

Wir weisen darauf hin, dass in einigen Fällen die dem Original
beigefügten Fotos und Dokumentenauszüge nicht übernommen
werden konnten. Ihre technische Reproduktion war nicht möglich.
Wir bitten um Verständnis.

Wir sind an Informationen zum Thema interessiert!
Sollten Sie weiteres Material besitzen, über neue Fakten oder
ergänzende Hinweise verfügen, inhaltliche Fehler entdeckt haben
oder Hintergründe ausführlicher darstellen können, melden Sie sich
bei uns bitte unter dieser E-Mail-Adresse:
jann-buch-nachts-wenn-die@gmx.de

Danksagung
Wir danken für ihre Unterstützung:
Vereinigung der Verfolgten des Naziregimes / Bund der Antifa-
schistinnen und Antifaschisten (VVN(BdA), Kreisvereinigung
Wuppertal
Inga Hundt, Tochter von Klaus und Doris Jann
Angela Oberborbeck, Lebensgefährtin von Klaus Jann
Gerd Hensel, für die Erlaubnis, seine Fotos zu übernehmen

Hinweis
Die Herausgeber wollen mit der Veröffentlichung des Buches
auch die Kampagne »Milch für Kubas Kinder« unterstützen. Sie
war für Klaus und Doris Jann eine Herzensangelegenheit. Mit
unzähligen fantasievollen Aktionen sammelten sie Spendengelder für den Aufbau von sozialen Einrichtungen in dem sozialistischen Land. Bis heute gibt es Wülfrather, die diese Aktion
unterstützen.

Widmung
Wir widmen das Buch unserer unermüdlichen antifaschistischen
Mitkämpferin

Marianne Hecht-Wieber

Inhalt

Vorwort: Klaus H. und Doris Jann – Erinnerungen an ihr kämpferisches Leben 9

Die Artikelserie

Werner Lust: In diesen Tagen 19

1. Tag und Nacht schützen die Arbeiter ihr Gewerkschaftshaus 21
2. Unerwartete Hilfe für die NSDAP: Oberbürgermeister Friedrich 26
3. Dem »trojanischen SA-Pferd« droht jeden Tag heilige Feme 29
4. Nazis fühlen sich vom Konsum »Vorwärts-Befreiung« beleidigt 32
5. Gegen die SPD: Der »Führer« wird Wuppertaler Ehrenbürger 35
6. Gestapo kombiniert: Anarchisten wollen SA-Verpflegung vergiften 38
7. Der »Hinkende Teufel« führt in der Kemna ein grausames Regiment 41
8. Kemna-Appetithäppchen: Heringe mit Rohsalz und Staufferfett 43
9. Kemna-SA schießt auf Neugierige: Ein Kind stirbt 46
10. Aus dem Busch klingt es: »Völker, hört die Signale...« 48
11. »Deutsche Christen« in der Gemeinde Gemarke ohne Erfolg 50
12. NS-Kanzelstürmer predigt in der leeren Friedhofskirche 53
13. Im Hause Frowein wird die Pfarrerbruderschaft gegründet 56
14. Amtsgericht Wuppertal: »Deutsche Christen« sind im Unrecht 59
15. In 30 Betrieben: Illegale Einheitsgewerkschaftsgruppen 63
16. Bei der Gestapo landen Flugblätter aus der Südstadt 67
17. Unter der Bettdecke liegt der »Revolutionäre SA-Mann« 70
18. Reichsmark und Gulden im Bettgestell des »Igel« 74
19. Da staunt die Braut: Ihr Tom springt in die Wupper 78
20. Gestapo treibt in den Tod: Sozialdemokrat Fritz Senger 83

Werner Lust: In diesen Tagen II 87

21. Zwei illegale Flugblätter gelesen: vier Monate Gefängnis 89
22. Der Staatsanwalt: Hier stehen nur Verbrecher vor Gericht 92
23. »Herr Dr. Schütt, die Welt wartet auf Ihre Antwort...« 96
24. Erfolg der internationalen Solidarität: Justiz wird nervös 100
25. Erstes Widerstandsgebot: Niemand wird freiwillig verraten 103
26. In Privathäusern: Illegale Prüfungen für junge Theologen 106
27. Geheime Staatspolizei verbietet Pastor Immer das Wort 110
28. Prompte Gestapo-Antwort: Druckereibesitzer wird enteignet 113
29. »Das kann zehn Jahre dauern, da kräht doch kein Hahn nach« 116
30. Sozialist Ewald Funke: Er stirbt für eine bessere Zukunft 119
31. Der »wunde Punkt« ruft an: Morgen kommt wieder Besuch 123
32. »Sie werden nicht erleben, dass ich winsele...« 127
33. Helmut Hesse: In der Not gehören alle Mann an Deck! 131

34. Für demokratische Regierung vorgesehen: Bernhard Letterhaus 134
35. Nationalsozialisten-Argument gegen Kommunisten: Fallbeil 139
36. Die Gestapo tobt: Woher kommt der »Friedenskämpfer«? 143
37. Im Kriegsjahr 1940 kommt die Wahrheit aus der Luft 146
38. Trümmerasyl wird fast zur Falle 150
39. Zuchthausdirektor in der Zwickmühle: Runge getürmt 153
40. Gefahr für das »Fähnlein der sieben Aufrechten« 156
41. Das Sprengkommando rettet elf »politische Verbrecher« 162
42. Kurz vor NS-Torschluss: Gestapo-Mord an 60 Häftlingen 166
Leserbriefe zur Artikelserie 170
Nachwort 183
Bibliografie 189
Namens-, Firmen- und Straßenverzeichnis 191

Informationen zu den Herausgebern

Sebastian Schröder

Jahrgang 1971, Diplom-Soziologe (Goethe–Universität Frankfurt/Main) Schwerpunkte: Politische Ökonomie, VWL, Klassentheorie. Vorstand der VVN-BdA KV Wuppertal seit 2008, Mitglied der DFG-VK, Studienkreis deutscher Widerstand 1933-1945. Arbeitet derzeit als Förderlehrer für Deutsch als Fremdsprache an Wuppertaler Schulen.

Dr. Dirk Krüger

Jahrgang 1940, erlangte in einer Einrichtung des Zweiten Bildungsweges seine allgemeine Hochschulreife. Er absolvierte ein Lehramts-Studium und arbeitete als Grundschullehrer. Nach einem Promotionsstudium wurde er 1989 an der Bergischen Universität Wuppertal zum Dr. phil promoviert. Seine wissenschaftlichen Schwerpunkte sind die Exilliteratur 1933-1945, sowie Forschungen zum Widerstand gegen den Faschismus. Dazu veröffentlichte er zahlreiche Arbeiten, engagierte sich in der Gesellschaft für Exilforschung, in zahlreichen literarischen Gesellschaften und im Vorstand des Studienkreises deutscher Widerstand 1933-1945.

Vorwort
von Dirk Krüger

Klaus H. und Doris Jann – Erinnerungen an ihr kämpferisches Leben

Am Freitag, dem 23. Oktober 2015 fand in der völlig überfüllten Kapelle des Städtischen Friedhofs Wülfrath die Trauerfeier für den am 11. Oktober 2015 verstorbenen Klaus H. Jann statt. Nicht enden wollte die lange Schlange der Trauergäste vor dem offenen Grab.

Viele erinnerten sich in diesen Stunden tiefer Trauer auch an den 19. Mai 1994, als nach 10jähriger schwerer Krankheit, der sie mit übermenschlicher und doch so bescheidender Stärke trotzte, seine Frau Doris gestorben war. Die Trauerfeier und das Begräbnis für die Ratsfrau der Demokratischen Linken Wülfrath fanden am 27. Mai 1994 ebenfalls auf dem Städtischen Friedhof Wülfrath statt. Über 600 Trauergäste begleiteten Doris auf ihrem letzten Weg. Fast 120 Wülfrather Frauen verabschiedeten

sich mit einer Zeitungsanzeige von ihr: »Sich einsetzen für die Interessen der Frauen in Wülfrath, für ihre Wertschätzung und Achtung, das war unser gemeinsames Ziel. DORIS, wir werden Dich vermissen!« Und sie hatte darum gebeten, statt Blumen, für die Aktion »Milch für Kubas Kinder!« zu spenden.

Wer waren diese beiden, denen so viele Menschen die letzte Ehre erwiesen?

Der am 27. August 1940 in Wülfrath geborene Klaus H. Jann starb nach langer Krankheit im Alter von 75 Jahren. Er war drei Jahre alt, als sein Vater im Krieg gegen die Sowjetunion sein Leben ließ, erlebte als Fünfjähriger das Ende des Krieges als Befreiung vom Faschismus und wurde schon früh Mitglied in der sozial-demokratischen Kinder- und Jugendorganisation »Die Falken«. Dies führte ihn nach Schule und Ausbildung als Schriftsetzer mit 18 Jahren in die Reihen der SPD. Doch verließ er die Partei bereits nach kurzer Zeit, weil er deren Kurs der Aufrüstung, der Militarisierung und der Konfrontation im Kalten Krieg Anfang der 60er Jahre nicht mittragen wollte.

Mit der am 17. Dezember 1960 in Stuttgart gegründeten Deutschen Friedensunion (DFU) und ihrem Direktorium mit Renate Riemeck, Karl von Westphalen und Lorenz Knorr an der Spitze, fand Klaus eine politische Alternative. Ihr Programm der strikten Ablehnung von Atomwaffen, ihr kompromissloses Eintreten für Abrüstung, für friedliche Koexistenz und gute Nachbarschaft mit den sozialistischen Staaten, gegen die Notstandsgesetze und Be-rufsverbote entsprachen seinen politischen Vorstellungen. Künf-tig arbeitete er mit der ihm eigenen aktionsbezogenen Dynamik an der Umsetzung ihrer Programmatik.

Hier lernte Klaus auch seine spätere Frau, die in einem kom-munistischen Elternhaus aufgewachsene Journalistin Doris Paczkiewicz, kennen. Im August 1967 heirateten sie. Politisch fesselte und faszinierte beide die ungemein weltanschauliche und politische Breite der DFU, in der auch die Kommunistinnen und Kommunisten nach dem Verbot der KPD 1956 eine politische Plattform gefunden hatten. Beide suchten den Kontakt mit ihnen, traten 1962 der illegalen KPD bei und gingen kurze Zeit später

gemeinsam zum Studium an die internationale Lenin-Schule nach Moskau.

Nach ihrer Rückkehr fanden sie eine Beschäftigung als Redaktionsvolontäre bei der »Neuen Rhein Zeitung«, Doris bei der NRZ in Velbert und Klaus in Wuppertal. Im Januar 1968 wurden die Leserinnen und Leser der NRZ, die damals noch in Wuppertal präsent war, von einem Leitartikel des Chefredakteurs der Stadtredaktion Wuppertal, Werner Lust, überrascht. Er schrieb und informierte am 13. Januar 1968: »Vor etwas mehr als einem Jahr, am 9. Januar 1967, saßen Redakteure und Mitarbeiter der NRZ-Stadtredaktion Wuppertal zusammen, um zu überlegen, welche großen Themen im Laufe des Jahres in der Zeitung behandelt werden sollten.« Und Lust fährt fort: »An diesem Abend wurde die Idee ausgebrütet, eine Serie zu schreiben über den politischen Widerstand in Wuppertal während der Jahre 1933 bis 1945. Angesetzt auf dieses Thema wurde Klaus H. Jann. Nachdem er sich in der Sache ein paar Tage überlegt hatte, schlug er angesichts des Wustes von Arbeit, der vor ihm lag, vor, die Serie zusammen mit seiner Frau, Doris, zu schreiben, die NRZ-Redakteurin in Essen war. Fortan nutzten beide nahezu jede freie Stunde, das erforderliche Material zu finden, zu sammeln und zu sichten.«

Als die Artikelserie fertig und in der NRZ, Ausgabe Wuppertal, vom 13. Januar bis 12. März 1968 veröffentlicht war, wurden beide mit Lob und Ehrungen überhäuft und erhielten den verlagsinternen, sehr begehrten Journalisten-Preis. In der NRZ war zu lesen: »Zwei Sonderpreise des Chefredakteurs von je 300 DM entfielen an das Ehepaar Doris und Klaus H. Jann für die Serie »Der politische Widerstand in Wuppertal in der Kategorie Volontär-Arbeit. ... .«

In einem langen Gespräch, dass der Verfasser dieses Vorworts mit Klaus und Doris auf einer Gewerkschaftsveranstaltung in den Tagen nach dem CIA-Putsch gegen die Regierung Allende in Chile vom 11. September 1973 führte und aufzeichnete, berührten wir auch ihre Motive, eine Artikelserie über den antifaschistischen Widerstand in Wuppertal zu zu schreiben und 1968 in der NRZ zu veröffentlichen.

Wichtigster Ausgangspunkt für die Arbeit an einer solchen Thematik war für sie die intensive Beschäftigung, war das Studium des Buches »Der lautlose Aufstand – Bericht über die Widerstandsbewegung des deutschen Volkes 1933-1945« des am 10. Juli 1902 in der niederbergischen Stadt Velbert geborenen Historikers und Schriftstellers Günter Weisenborn. Und es war der »Aufruf« Ricarda Huchs aus dem Jahre 1946. Verstärkt wurden die Gedanken an eine solche Arbeit, als am 2. Juli 1965 der in Wuppertal aufgewachsene Rabbinersohn Albert Norden der internationalen Öffentlichkeit die wissenschaftliche Dokumentation »Braunbuch: Kriegs- und Naziverbrecher in der Bundesrepublik. Staat, Wirtschaft, Armee, Verwaltung, Justiz, Wissenschaft.« übergeben hatte und die zweite, erweiterte Ausgabe 1967 auf der Frankfurter Buchmesse einen Skandal provozierte. Das Buch wurde als »kommunistisches Machwerk« beschlagnahmt. Im Sommer 1968 kam dritte Auflage heraus. Es wurden Heerscharen von Historikern damit beauftragt, das Werk zu untersuchen und als »kommunistisches Lügenwerk« zu entlarven. Götz Aly stellte später fest: Alles, bis auf minimale, unbedeutende Fehler, stimmte. Alle gesellschaftlich relevanten Institutionen waren inhaltlich und personell nahtlos aus dem Faschismus in die Wirklichkeit der Bundesrepublik überführt worden – das war jetzt auch für Klaus und Doris eindeutig bewiesen.

Und sie haben bereits ab 1963 mit großer Aufmerksamkeit und Anteilnahme den ersten Auschwitzprozess in Frankfurt am Main sowie die Ring-Uraufführung von Peter Weiss' »Die Ermittlung« am 19. Oktober 1965 verfolgt. Ihnen und der breiten Öffentlichkeit wurden damit auch die Verstrickungen großer deutscher Konzerne in den Massenmord an den europäischen Juden vor Augen geführt.

Für ihre politische Entwicklung entscheidend wurde aber das beängstigende Ausmaß der Rechtsentwicklung in der Bundesrepublik in diesen Jahren.

Nach den Jahren des »Wirtschaftswunders« schlidderte das kapitalistische System zu Beginn der 60er Jahre in eine tiefe Krise. Die Arbeitslosigkeit nahm ein bis daher unbekanntes Ausmaß an.

Vor diesem Hintergrund bildeten die Herrschenden 1966 mit willfähriger Billigung der SPD die »Große Koalition« und machten den Altnazi Kiesinger zum Bundeskanzler, der dann unter großem Beifall der Demokraten von Beate Klarsfeld öffentlich geohrfeigt wurde. Der »Blutrichter« Filbinger wurde 1966 Ministerpräsident des Bundeslandes Baden-Württemberg.
Die 1964 gegründete NPD zog 1966 in die Landesparlamente von Hessen und Bayern und 1967 in die Landesparlamente von Bremen, Rheinland-Pfalz, Niedersachsen und Schleswig-Holstein ein. 1968 erreichte sie in Baden-Württemberg 9,8 % der Stimmen.

Die Warnungen, die von Nordens »Braunbuch« ausgehen sollten, wurden in den Wind geschlagen. Der Neonazismus war wieder hoffähig. Klaus und Doris: »Und zum Widerstand gegen den Faschismus gab es hier in der Bundesrepublik so gut wie nichts!

Wir haben uns bei unseren Besuchen in der DDR mit Literatur und Schallplatten zum Widerstand eingedeckt.«

Als sich dann im Februar 1967 in Frankfurt am Main, unter entscheidender Mitwirkung des in Wuppertal geborenen Professors Wolfgang Abendroth der »Studienkreis Deutscher Widerstand 1933-1945« bildete, hatten auch Klaus und Doris ihr Thema gefunden.

»Forschen – Erinnern – Vermitteln« wurde auch für sie zur Handlungsgrundlage. Auch sie wollten fortan einen Beitrag zur Erforschung des Widerstands gegen die Nazi-Herrschaft leisten und dabei der Abendrothschen Forderung nach besonderer Berücksichtigung des Arbeiterwiderstandes nachgehen.

In dem Gespräch war ganz offensichtlich, dass die gesellschaftspolitische und soziale Situation das Projekt einer Artikelserie zum Widerstand befördert hatte. Und die NRZ bot ihnen dafür die Möglichkeit. Es bleibt das Verdienst von Klaus und Doris, dass sie diese Möglichkeit erkannt und ergriffen haben und uns die großartike Artikelserie »nachts, wenn die Gestapo schellte ...« hinterlassen haben.

Die zur gleichen Zeit herrschende politische Aufbruchsstimmung in der Bundesrepublik, die von Studenten angestoßen, alle Bereiche des gesellschaftlichen Lebens erfasste, machte es möglich, dass sich wieder eine legale Kommunistische Partei gründen konnte; es gründete sich die Deutsche Kommunistische Partei, die DKP. Klaus und Doris schlossen sich sofort der DKP an und machten ihre Mitgliedschaft auch öffentlich. Die Chefs der SPD-nahen NRZ reagierten unmittelbar mit der fristlosen Entlassung! Alle Proteste gegen diesen undemokratischen und antikommunistischen Akt halfen nicht.

Anfang der 70er Jahre sehen wir Doris als Journalistin bei der DKP-Tageszeitung »Unsere Zeit«. Klaus folgte einer Orientierung der jungen DKP, in bestimmten Ortschaften und Städten kommunalpolitische Schwerpunkte zu bilden mit dem Ziel, dort auch parlamentarische Positionen zu erringen. Ab jetzt wurde ihr gemeinsamer Kampfplatz die Kleinstadt Wülfrath im Kreis Mettmann. Hier war Klaus geboren, hier wohnten sie, hier lebten sie mit ihren beiden Kindern Sascha und Inga, hier kannte man und schätzte sie.

Klaus – der gelernte Journalist – gründete in seiner Heimatstadt Wülfrath den »Roten Reporter«, ein mehrseitiges, monatlich erscheinendes Blättchen, das an fast alle Wülfrather Haushalte verteilt wurde. Um die beiden sammelten sich in der DKP schnell Mitstreiter, die mit pfiffigen Aktionen und einer klugen Öffentlichkeitsarbeit auch bald Einfluss bei Kommunalwahlen gewan-

nen. Nach zweimaligem Scheitern an der 5%-Hürde war es 1984 nach 10 Jahren soweit: Eine fünfköpfige Fraktion der Deutschen Kommunistischen Partei mit Klaus H. Jann an der Spitze zog mit über 13% Stimmanteil in den Wülfrather Stadtrat ein. Mit Hilfe des »Roten Reporter« wollte die DKP ein »gläsernes Rathaus« schaffen und frischen Wind in die Wülfrather Politik bringen.

Trotz angegriffener Gesundheit – Klaus hatte schon Mitte der siebziger Jahre von einer Auslandsreise eine lebensgefährliche Virusinfektion mitgebracht und bei Doris machte sich ein Krebsleiden bemerkbar – fungierten die beiden als Ideengeber und Antreiber für politische Initiativen. Unüberschaubar ist die Vielzahl von Initiativen und Aktionen: für den Erhalt von Freibad, Krankenhaus, Stadthalle und Rathaus, für

Spielplätze und Kindergärten, für Abrüstung, gegen Rassismus und für Frauenrechte. Alles greifbar für die Wülfrather, weil Klaus mit dem dreirädrigen Flitzer »Roter Hugo« und seinen Mitstreitern jahrzehntelang jeden Samstag am Heumarkt in engagierten Diskussionen politische Informationen unter die Leute brachte.

Über 20 Jahre organisierte die DKP im Sommer ein riesiges Kinderfest im Arbeiterstadtteil Rohdenhaus. Ende Mai 1980 lautete eine Zeitungsmeldung: »Weil Klaus H. Jann ‚Vorbildliches für Kinder‘ in seiner Stadt getan hat, zeichnete ihn der Arbeits- und Sozialminister des Landes Nordrhein-Westfalen, Friedhelm Farthmann, mit einem Preis und einer besonderen Auszeichnung anlässlich des ›Jahres des Kindes‹ in Höhe von 1000 DM aus.« Und mindestens genauso lange existierte die »Müllsacktauschbörse«, bei der jährlich bis zu 20 000 Müllsäcke die Besitzer wechselten, wobei damit natürlich nicht selten ein politisches Gespräch und die Bitte um eine Unterschrift verbunden war.

Nicht nur die Arbeit in der DKP sondern auch ihr Engagement in der Gewerkschaft war für die beiden selbstverständlich und als überzeugte Antifaschisten brachten sie sich ebenfalls aktiv in die Arbeit der Vereinigung der Verfolgten des Naziregimes (VVN) ein.

Auch die internationale Solidarität mit den um ihre Freiheit ringenden Völkern war ihnen Herzensangelegenheit. Die Kämpfer in Vietnam und Chile, die Nelken-Revolution in Portugal oder der ANC in Südafrika wurden bei Aktionen nicht vergessen. Dabei sprühte Klaus vor Ideen, wie man Spenden sammeln könnte. Ganz besonders wichtig – eine Herzensangelegenheit – wurde für Klaus und Doris die Kampagne »Milch für Kubas Kinder«. Mit unzähligen fantasievollen Aktionen sammelten sie Spendengelder für den Aufbau von sozialen Einrichtungen in dem sozialistischen Land. Bis heute gibt es noch Wülfrather, die Kuba unterstützen.

Als 1989 der Sozialismus in eine Krise geriet und in der DKP ein heftiger Richtungsstreit tobte, entschlossen sich Klaus und Doris die Partei zu verlassen. Nicht verlassen haben sie ihre politische Überzeugung. Sie wollten die so überaus erfolgreiche Kommunalpolitik in Wülfrath, ein Vorbild für viele Linke, nicht einfach beerdigen und gründete die »Demokratische Linke Wülfrath« (DLW) mit Klaus als Vorsitzendem. Doris erlebte die großen Erfolge der von ihr mitbegründeten Partei nicht mehr. Im Mai 1994 erlag sie ihrer Krebserkrankung. Trotzdem – oder gerade deshalb – verfolgte Klaus weiter ihre gemeinsamen politischen Ziele und entgegen allen pessimistischen Voraussagen, erzielte die DLW bei den Kommunalwahlen 2004 ein Ergebnis von 16,8%. Es war also gelungen, die Zuverlässigkeit und Glaubwürdigkeit des politischen Handelns, sowie die öffentliche Präsenz zu erhalten. Dazu gehörte auch, dass Klaus als linker Kandidat bei den Bürgermeisterwahlen 1999 fast ein Viertel der Wählerstimmen auf sich ziehen konnte. Fortan gab er in Vorträgen und Workshops, vor allem in den neuen Bundesländern, seine reichen Erfahrungen als Kommunalpolitiker sowie als professionell arbeitender »Roter Reporter« weiter.

2007, mit 67 Jahren, wollte Klaus Schluss mit der Kommunalpolitik machen und legte sein Ratsmandat nieder. Ein gewisser Verdruss und die Geburt seines Enkels »mit dem er die Welt noch einmal neu entdecken wollte« hinderten ihn aber nicht daran, weiterhin jeden Samstag mit einer doppelseitigen Ausgabe seines »Roten Reporter« am Heumarkt zu stehen und mit seinen Wülfrathern über Politik zu reden.

Als sich abzeichnete, dass die Partei »Die Linke« 2014 zu den Kommunalwahlen antreten würde, verzichtete die DLW auf eine Kandidatur und löste sich auf. Das aus Spenden der Ratsmitglieder und Mitgliedsbeiträgen gespeiste Vermögen wurde in eine

Stiftung zu Gunsten Wülfrather Kinder eingebracht. Auf diese Weise haben Linke in Wülfrath dem Kinderfreund Klaus und der »Roten Doris«, die beide auch immer für die Interessen und Rechte von Kindern und Jugendlichen eintraten, ein Denkmal gesetzt. Obwohl beide keinem politischen Streit aus dem Weg gingen und es oft harte Auseinandersetzungen gab, spürte man die große Achtung, die Anerkennung und Wertschätzung, die Klaus und Doris entgegengebracht wurde.

Die Artikelserie »…nachts, wenn die Gestapo schellte!« geriet zu einer ihrer wichtigsten Arbeiten. Sie leisteten damit einen wichtigen unschätzbaren Beitrag zur Aufarbeitung der Geschichte des Widerstandes der vielen »namenlosen« Gewerkschafter und Arbeiter, einen Beitrag zur Erinnerung und Würdigung des Widerstandes der Arbeiterbewegung gegen den Hitler-Faschismus. Viele der Kämpfer haben das mit ihrem Leben bezahlen müssen. Es gibt kaum noch Zeitzeugen, die jungen Menschen heute davon erzählen können. Umso wichtiger ist es, ihre Arbeit jetzt als Buch zu veröffentlichen. Es geht der Vereinigung der Verfolgten des Naziregimes / Bund der Antifaschistinnen und Antifaschisten (VVN/BdA), Kreisvereinigung Wuppertal, mit der Unterstützung der Buchveröffentlichung auch darum, die Erinnerung an unsere Mitglieder Klaus und Doris Jann wachzuhalten, sie zu ehren, ihnen zu danken.

Wir wollen mit der Veröffentlichung ihrer Artikelserie auch den Beitrag angemessen würdigen, den sie damit zur regionalen und überregionalen, historisch-wissenschaftlichen Forschung zum Arbeiterwiderstand gegen den Faschismus erbracht haben.

Die Artikelserie in Buchform ist ein Dokument gegen das Vergessen und eine Ermunterung, auch heute gegen alle Formen des Rassismus, des Neofaschismus' und der Fremdenfeindlichkeit aktiv zu werden.

nachts
wenn die Gestapo schellte...

NRZ-Serie über
Wuppertaler Widerstand
1933 bis 1945
Von KLAUS H. und DORIS JANN

Die Artikelserie
NRZ vom 13. Januar 1968

Werner Lust
In diesen Tagen

Lieber Leser!

Vor etwas mehr als einem Jahr, am 9. Januar 1967, saßen Redakteure und Mitarbeiter der NRZ – Stadtredaktion Wuppertal zusammen, um zu überlegen, welche großen Themen im Laufe des Jahres in der Zeitung behandelt werden sollten.

An diesem Abend wurde die Idee ausgebrütet, eine Serie zu schreiben über den politischen Widerstand in Wuppertal während der Jahre 1933 bis 1945. Angesetzt auf dieses Thema wurde Klaus H. Jann. Nachdem er sich die Sache ein paar Tage überlegt hatte, schlug er angesichts des Wustes von Arbeit, der vor ihm lag, vor, die Serie zusammen mit seiner Frau, Doris Jann, zu schreiben, die NRZ – Redakteurin in Essen ist.

Fortan nutzten beide nahezu jede freie Stunde, das erforderliche Material zu finden, zu sammeln und zu sichten. Und je tiefer sie sich in die Thematik hineinarbeiteten, desto umfangreicher wurde die Liste derjenigen Dinge, die sie noch zu erledigen hatten. Das noch zu erledigende Arbeitspensum wuchs mit dem Umfang der erledigten Arbeit. Und Anfang Oktober, dem Termin, an dem ursprünglich die Serie erscheinen sollte, zeigte sich, dass der Termin um mindestens ein Vierteljahr verschoben werden musste.

Doris und Klaus H. Jann interviewten bis heute mehr als 80 Betroffene aus jener Zeit. Sie unternahmen Reisen in verschiedene Städte Nordrhein-Westfalens. Sie sichteten im Düsseldorfer Staatsarchiv und in privaten Archiven mehr als einhundert Dokumente, darunter Prozessakten und Gestapo-Papiere, alte Gazetten, illegale Zeitungen und Flugblätter. Sie machten Jagd auf ausländische Zeitungen, die in jener Zeit über den Wuppertaler Widerstand berichtet hatten. Sie verfügen über Fotokopien von annähernd 100 Dokumenten teils atemberaubenden Inhaltes. In einer von ihnen mit Akribie geführten Liste von Personen, die in Zusammenhang mit dem damaligen politischen Widerstand standen, stehen bis jetzt fast 200 Namen, und jeden Tag kommen einige hinzu.

Den beiden NRZ-Rechercheuren begegneten bei ihren Interviews mehrfach Menschen, die kaum noch eine Erinnerung jenes Widerstandsgeschehens hatten, und denen die beiden Janns, die jene Zeiten gar nicht bewusst miterlebt hatten, weil sie zu jung sind, aufgrund ihrer bei früheren Interviews gewonnenen Erkenntnisse helfen konnten, sich wieder zu erinnern.

Ihnen begegneten aber auch Menschen, die darum baten, dass wir ihre Namen nicht nennen, teils, weil sie Angst hatten, irgendwann in Zukunft könnte ihnen ähnliches passieren, wie damals, teils, weil sie glaubten, es sei wegen ihrer heutigen beruflichen oder geschäftlichen Position nicht opportun, heute als Widerständler von damals erkannt zu werden.

Heute beginnt die NRZ unter der Überschrift »nachts, wenn die Gestapo schellte…« mit ihrer Serie über den politischen Widerstand 1933 bis 1945 in Wuppertal. Es wird berichtet über den Kampf und die Leiden der verschiedensten Gruppen: Christen beider Konfessionen, Gewerkschaftler, Naturfreunde, Sozialdemokraten, Kommunisten und viele Einzelpersonen. Es wird berichtet über dramatische Ereignisse beim Konsum, bei der Schwebebahn und bei der AOK, über das Kemnalager und über die NS – Justiz, der zahlreiche Wuppertaler Widerstandskämpfer zum Opfer fielen.

Warum wir das tun? – Ich meine, der politische Widerstand in jener Zeit ist ein Stück Wuppertaler Zeitgeschichte, das nicht in Vergessenheit geraten sollte.

NRZ vom 13.1.1968:

1932: Tag und Nacht schützen die Arbeiter ihr Gewerkschaftshaus (1)

Wuppertal – 1932: Im »deutschen Manchester« hungern die Bandwirker und Färber, die Weber und Chemiearbeiter. An den Arbeitsämtern und Stempelstellen stehen sie Schlange, die Erwerbs- aber nicht Arbeitslosen. Denn zu tun gibt es genug in jenen Tagen des Jahres 1932. Während in Berlin die Regierung Brüning mit Notverordnungen regiert, während von Papen Brüning ablöst, während von Papen dann Kurt Schleicher auf dem Reichskanzlerposten Platz machen muss, gärt es im Wupper-Tal.

Die rund 400 000 Einwohner zählende Stadt hat ihre Erwerbslosen, es sind etwa 60 000. In den Hochburgen der Wuppertaler Arbeiterschaft, im Petroleumviertel, auf dem Rott und in Heckinghausen wirken Sozialdemokraten und Kommunisten mehr oder minder radikal gegen das Aufkommen des Nazismus, der sich bereits des Terrors bedient.

Während für viele Arbeiter Pellkartoffeln und Zwiebelsoße die Hauptnahrung sind und die Familien Fleisch nur noch aus den Kochbüchern vergangener Jahre kennen, feiert die SA in ihren Kasernen ein üppiges Leben. Für viele ist es eine Provokation, für manchen aber auch Verführung: Dort wohnt man, dort gibt es gutes Essen, genug zu rauchen und zu trinken.

Wer schwach wird, wer den knurrenden Magen nicht mehr ertragen will, vertauscht das abgetragene Hemd und die zerschlissene Hose gegen die »verbotene« SA – Uniform. Trotz des Uniformverbotes marschiert die NS – Sturmabteilung von der Elbe bis an den Rhein in weißen, gestärkten Hemden, braunen Hosen und Schaftstiefeln durch die Straßen. Auch in Wuppertal. Willi Veller, meist »Emmes« genannt, Leiter des Nazitrupps und später Polizeipräsident, sorgt dafür, dass seine Mannen gut bewaffnet sind, auch wenn Waffenbesitz nicht erlaubt ist.

Aber nicht einmal nach dem Uniformverbot kann die SA in Wuppertal ihre Aufmärsche in Uniform zelebrieren, vom Spaziergang zu zweit ganz zu schweigen. Denn die Bewohner der Stadt im Tal haben seit je her einen ausgeprägt starken Willen gegen Obrigkeiten und Autoritäten.

SA – Uniform ausgezogen

So behalten die fürwitzigen SA- Männer, die sich dennoch einmal in ihrer braunen Kluft und dem Käppi, das an die Fremdenlegion erinnert, ihre Kleider nicht lange auf dem Körper: sie werden ihnen einfach ausgezogen. Später rächen sich die braunen Horden dafür blutig, doch noch ist die Zeit für den vom Staat befohlenen Terror nicht reif.

Illegaler Selbstschutz der Kommunisten

Das deutsche Manchester von 1932 zeigt viele Gesichter: Die Zeitungen spiegeln die politischen Meinungen von links über die Neutralen bis rechts. Das unsteteste Leben unter den meinungsmachenden Zeitungen führt die » Freiheit«, Organ der KPD, die ebensooft verboten ist wie ihre Redakteure inhaftiert werden.

Die evangelische Kirche, später Dreh- und Angelpunkt des kirchlichen Widerstandes, gehört durchweg zu den konservativ-nationalen Kräften. Der CVJM schreibt in seinem monatlichen Blättchen noch begeisterte Worte über den »Führer« Adolf Hitler.

»Eiserne Front« wacht

Das Reichsbanner, die » Eiserne Front« der sozialdemokratischen Partei schützt Tag und Nacht das Gewerkschaftshaus in der heutigen Wittensteinstraße vor den Übergriffen der SA, die im Stabsquartier an der Kniestraße sorgfältig geplant werden. Der Rotfrontkämpferbund, Kampforganisation der Kommunisten, ist seit langem verboten. Dennoch wollen die revolutionären Linken »ihre« Viertel nicht wehrlos lassen: In Heckinghausen beginnen sie mit dem Aufbau eines eigenen, illegalen Selbstschutzes. Erst musste jedoch ein junger Arbeiter (nicht der einzige!) erschossen werden.

Er ist kein Kommunist, wie die »Freiheit« schreibt, nur zweiter Trompeter im Arbeitermusikverein. Fritz Klaus, so heißt er, wird in Vohwinkel nachts von SA- Leuten meuchlings erschossen.

Erst drei Tage zuvor wurden im Landgericht der Wupper-Stadt zwei Mitglieder der NS- Sturmabteilung zu fünf und sieben Jahren Zuchthaus verurteilt, weil sie in Hückeswagen drei Kommunisten auf offener Straße erschossen haben.

In den letzten Junitagen des Jahres 1932 ist in der Stadt im Tal die Hölle los. Eine Demonstration löst die andere ab. Sozialdemokraten, Anarchisten, Christen und Kommunisten gehen auf die Straße. Jeder weiß: »Morgen kann ich dran sein!« Doch die Polizei geht mit Gummiknüppeln und berittenen Mannschaften gegen die Massen vor.

Nennenswerte Aktionen gegen die kasernierte SA, die zudem von der Industrie unterstützt wird, gibt es nicht. Exekutive und Justiz sind auf dem rechten Auge blind, zumindest drücken sie es im Angesicht der angeblichen »roten Gefahr« eifrig zu.

Eine Reaktion gegen die braunen Machthaber, die auch vor offenem politischen Mord nicht zurückschrecken, ist der »Kampfbund gegen den Faschismus«. Mehrere tausend Menschen in Elberfeld und Barmen, in Ronsdorf und Vohwinkel, in Beyenburg und Cronenberg schließen sich im Jahre 1932 zu dieser Aktion zusammen. Sie sind entschlossen, gegen den Nazi-Terror anzugehen.

Ihre ideologischen Unterschiede spielen plötzlich, wo es um die demokratische Existenz geht, keine Rolle mehr. Es finden sich Sozialdemokraten zu Anarcho- Syndikalisten, Kommunisten zu Trotzkisten, die Reichsbanner-Leute zu denen der SAP, einer von »linken« Sozialdemokraten und gemäßigten Kommunisten gegründeten Partei.

Aber ein Jahr vor der Machtübernahme Hitlers sind seine braunen Legionen trotz Waffen noch nicht so stark, dass sie die linke Opposition an die Wand schießen können, wie es das NS-Organ »Angriff« gerne gesehen hätte.

Die Reichstagswahlen am 31. Juli 1932 bringen der NSDAP 42,6% der Stimmen ein, die Kommunisten bekommen in Wuppertal 22,3, die Sozialdemokraten 15,3 Prozent. Knapp 12 Prozent der Stimmen erringen die konfessionellen, republiktreuen Parteien, Zentrum (katholisch) und Christlich-Sozialer Volks-Dienst (evangelisch). Noch kein halbes Jahr weiter muss die NSDAP in Wuppertal gewaltig Federn lassen. Etwa 20 000 Wähler wenden sich von den Nationalsozialisten ab; der NS- Stimmenanteil beträgt nur noch 35,9 Prozent.

Abfuhr für Goebbels

Nichts kennzeichnet die Einstellung der Wuppertaler Bevölkerung zu den Nazis besser als der Empfang, den sie Josef Goebbels zu Beginn des Jahres 1933, noch vor der Machtübernahme, bereitet. Goebbels ist fest entschlossen, vom Barmer Rathaus im Triumphzug zum Stadion am Zoo zu fahren. Die Menschen sollen ihm zujubeln. Doch statt der Begeisterung empfängt den Chefideologen mit dem zu kurzen Bein wilder Hass und laute Empörung. Tausende Wuppertaler säumen seinen Weg. Doch statt des jubelnden »Heil« schreien sie ihm » Nieder mit Hitler« zu.

Nach dem 30. Januar 1933 werden Wuppertals Antifaschisten den Zorn Goebbels über diese Abfuhr noch zu spüren bekommen.

nachts
wenn die Gestapo schellte...

NRZ-Serie über
Wuppertaler Widerstand
1933 bis 1945
Von KLAUS H. und DORIS JANN

1932: Tag und Nacht schützen die Arbeiter ihr Gewerkschaftshaus (

**Wuppertal — 1932: Im „deutschen Manchester"
hungern die Bandwirker und Färber, die Weber und
Chemiearbeiter. An den Arbeitsämtern und Stempelstellen stehen sie Schlange, die Erwerbs-, aber nicht
Arbeitslosen. Denn zu tun gibt es genug in jenen**

**Tagen des Jahres 1932. Während in Berlin die Regie
rung Brüning mit Notverordnungen regiert, währen
von Papen Brüning ablöst, während von Papen dam
Kurt Schleicher auf dem Reichskanzlerposten Plat
machen muß, gärt es im Wupper-Tal.**

Die rund 400 000 Einwohner zählende Stadt hat ihre Erwerbslosen,
es sind etwa 60 000. In den Hochburgen der Wuppertaler Arbeiterschaft, im Petroleumsviertel, auf
dem Rott und in Heckinghausen
wirken Sozialdemokraten und
Kommunisten mehr oder minder
radikal gegen das Aufkommen des
Nazismus, der sich bereits des Terrors bedient.

Während für viele Arbeiter Pellkartoffeln und Zwiebelsoße die
Hauptnahrung sind und die Familien
Fleisch nur noch aus den Kochbüchern vergangener Jahre kennen,
feiert die SA in ihren Kasernen
ein üppiges Leben. Für viele ist es
eine Provokation, für manchen
aber auch Verführung: Dort wohnt
man, dort gibt es gutes Essen, genug zu rauchen und zu trinken.

Wer schwach wird, wer den
knurrenden Magen nicht mehr ertragen will, vertauscht das abgetragene Hemd und die zerschlissene
Hose gegen die „verbotene" SA-
Uniform. Trotz des Uniformverbotes nämlich marschiert die NS-
Sturmabteilung von der Elbe bis

an den Rhein in weißen, gestärkten Hemden, braunen Hosen und
Schaftstiefeln durch die Straßen.
Auch in Wuppertal. Willi Veller,
meist „Emmes" genannt, Leiter des
Nazitrupps und später Polizeipräsident, sorgt dafür, daß seine Mannen gut bewaffnet sind, auch wenn
Waffenbesitz nicht erlaubt ist.

Aber nicht einmal nach dem
Uniformverbot kann die SA in
Wuppertal ihre Aufmärsche in
Uniform zelebrieren, vom Spazier-
gang zu zweit ganz zu schweigen.
Denn die Bewohner der Stadt im
Tal haben seit jeher einen ausge-
prägt starken Willen gegen Obrig-
keiten und Autoritäten.

SA-Uniform ausgezogen

So behalten die fürwitzigen SA-
Männer, die sich dennoch einmal
in ihrer braunen Kluft und dem
Käppi, das an die Fremdenlegion
erinnert, ihre Kleider nicht lange
auf dem Körper: sie werden ihnen
einfach ausgezogen. Später rächen
sich die braunen Horden dafür
blutig, doch noch ist die Zeit für
den vom Staat befohlenen Terror
nicht reif.

Fast täglich kam es zu politische
Auseinandersetzungen auf de
Straßen. Nicht immer wurde ge
schossen, doch hatte mancher SA
Mann seine „nationale Knarre
in der Tasche. So auch am 24. Apr
in Ronsdorf.

Illegaler Selbstschutz der Kommunisten

Das deutsche Manchester von
1932 zeigt viele Gesichter: Die Zeitungen spiegeln die politischen
Meinungen von links über die Neutralen bis rechts. Das unsteteste
Leben unter den meinungsmachenden Zeitungen führt die „Freiheit",
Organ der KPD, die ebensooft verboten ist wie ihre Redakteure inhaftiert werden.

Die evangelische Kirche, später
Dreh- und Angelpunkt des kirchlichen Widerstandes, gehört durchweg zu den konservativ-nationalen
Kräften. Der CVJM schreibt in seinem monatlichen Blättchen noch
begeisterte Worte über den „Führer" Adolf Hitler.

„Eiserne Front" wacht

Das Reichsbanner, die „Eiserne
Front" der Sozialdemokratischen
Partei, schützt Tag und Nacht das
Gewerkschaftshaus in der heutigen
Wittensteinstraße vor den Übergriffen der SA, die im Stabquar-
tier an der Kniestraße sorgfältig
geplant werden. Der Rotfrontkämpferbund, Kampforganisation
der Kommunisten, ist seit langem

Trompeter im Arbeitermusikverein. Fritz Klaus, so heißt er, wird
in Vohwinkel nachts von SA-Leuten meuchlings erschossen. Erst
drei Tage zuvor waren im Landgericht der Wupper-Stadt zwei Mitglieder der NS-Sturmabteilung zu
fünf und sieben Jahren Zuchthaus
verurteilt, weil sie in Hückeswagen
drei Kommunisten auf offener
Straße erschossen haben.

In den letzten Junitagen des
Jahres 1932 ist in der Stadt im
Tal die Hölle los. Eine Demonstration
löst die andere ab. Sozialdemokraten, Anarchisten, Christen und
Kommunisten gehen auf die Straße.
Jeder weiß: „Morgen kann ich
dran sein!" Doch die Polizei geht
mit Gummiknüppeln und berittte-
nen Mannschaften gegen die Massen vor.

Nennenswerte Aktionen gegen
die kasernierte SA, die zudem von
der Industrie unterstützt wird, gibt
es nicht. Exekutive und Justiz sind
auf dem rechten Auge blind, zumindest drücken sie es im Angesicht der angeblichen „roten Gefahr" eifrig zu.

schlossen, gegen den Nazi-Terro
anzugehen.

Ihre ideologischen Unterschied
spielen plötzlich, wo es um di
demokratische Existenz geht, kein
Rolle mehr. Es finden sich Sozial
demokraten zu Anarcho-Syndikali
sten, Kommunisten zu Trotzkiste
der Reichsbanner-Leute zu dene
der SAP, einer von „linken" So
zialdemokraten und gemäßigte
Kommunisten gegründeten Partei.

Aber ein Jahr vor der Macht
übernahme Hitlers sind seine brau
nen Legionen trotz Waffen noc
nicht so stark, daß sie die link
Opposition an die Wand schieße
können, wie es das NS-Organ „An
griff" gerne gesehen hätte.

Die Reichstagswahlen am 31. Ju
1932 bringen der NSDAP 42,6 Pro
zent der Stimmen ein, die Kom
munisten bekommen in Wupperta
22,3, die Sozialdemokraten 15,3 Pro
zent. Knapp 12 Prozent der Stim
men erringen die konfessionelle
republiktreuen Parteien Zentrur
(katholisch) und Christlich-Soziale
Volks-Dienst (evangelisch). Noc

25

Unerwartete Hilfe für die NSDAP: Oberbürgermeister Friedrich (2)

In Berlin feiert am Abend des 30. Januar die SA die Machtübernahme Hitlers mit einem Triumphzug. In Wuppertal marschiert zur gleichen Zeit der Kampfbund gegen den Faschismus. Am 30. Januar, um 14 Uhr, wird in der Stadt im Tal bekannt, dass Hindenburg dem Anstreicher aus Braunau nachgegeben hat. Drei Stunden später demonstrieren tausende Hitlergegner in Barmen und Elberfeld. Die SA bleibt vorsichtshalber in ihren Kasernen.

Sie kann erst am übernächsten Tag ihren »Siegesmarsch« wagen. Und auch dann geht nicht alles reibungslos ab. Die trübe Erfahrung, die Goebbels einige Wochen zuvor mit der »Hörigkeit« der Wuppertaler Bevölkerung gemacht hat, bleibt der SA an diesem Tag nicht erspart.

»Imposanter Zug«
Doch der Terror und die Schießereien auf der Straße, zunächst nur vereinzelt und in Wild-West-Manier praktiziert, werden immer systematischer. Für den »Täglichen Anzeiger«, eine sich neutral gebende Zeitung, steht jedoch fest, dass es die Kommunisten sind, die schießen. Die Unparteilichkeit dieses Blattes offenbart sich auch in dem Bericht über die SA-Siegesfeier am 1. Februar in den Barmer Straßen. Viele Zeilen beschreiben den »imposanten Zug«. So verwundert es denn auch kaum einen Wuppertaler, dass die Zeitung ein paar Monate später – umgetauft zur »Rheinischen Landeszeitung« – offizielles Sprachrohr der Wuppertaler NSDAP wird.

Der Übergang von den letzten Tagen einer nur noch formellen Demokratie zu den ersten Tagen der offenen faschistischen Diktatur vollzieht sich in der Stadt der Schwebebahn sowohl mit blankem Terror als auch mit Verordnungen.

Sportvereine bespitzelt

Keine zwei Tage ist Hitler Kanzler, da verbietet der Wuppertaler Polizeipräsident den Kommunisten Umzüge unter freiem Himmel. Auch die Nebenorganisationen der Partei, zum Beispiel die »Rote Hilfe« oder die »Revolutionäre Gewerkschaftsopposition« (RGO), sind davon betroffen. Schlag auf Schlag fallen jetzt die Verordnungen gegen die Hitler-Gegner: Am 2. Februar wird in Berlin eine große Kundgebung der SPD verboten. Das preußische Innenministerium gibt tags zuvor seinen Beamten die Anweisung, die roten Arbeitersportkartelle gut zu beobachten, besonders was die Schießübungen betrifft.

Am 3. Februar werden in Wuppertal alle Geschäftsstellen der KPD und die Wohnungen der meisten Funktionäre durchsucht. Die »roten« Sportvereine, deren Schießbüchsen dem Ministerium soviel Kopfzerbrechen machen, zählen in Wuppertal rund 2000 Aktive. Auch bei ihnen schellt es im Morgengrauen: Hausdurchsuchung! Klägliche Beute des Tages: zwei Schießsportbüchsen. Doch diese Nacht-und-Nebel-Aktionen haben vor allem einen Zweck: Sie sollen einschüchtern, Angst machen und die Gegner der Hitler-Diktatur zur Aufgabe zwingen.

Im Stadtparlament Wuppertals führen die Nationalsozialisten trotz der Machtübernahme in Berlin ein klägliches Schattendasein. Alter Kämpfer »Emmes« Veller und der Schriftsteller Axel Ripke sind die einzigen Ultrabraunen im Rat, in dem die »Roten«, SPD und KPD, mit zusammen 31 Stimmen in der Mehrzahl sind. Doch Oberbürgermeister Friedrich, ein Bürgerlicher mit eindeutig nationalsozialistischen Ambitionen, hilft seinen politischen

Freunden auf der äußersten Rechten, wo er kann. Er ist es auch, der später bei der Ausweisung der Sozialdemokraten aus dem Stadtrat eine unrühmliche Rolle spielen wird.

Verhaftungswelle
Den entscheidenden Schlag gegen die Antifaschisten haben die Nazis für den 27. Februar geplant. Der Reichstagsbrand in Berlin ist der Auftakt zu einer Verhaftungswelle, die auch ganz Wuppertal erfasst. Die Gefängnisse bersten. Die Parteien sind ohne Führer. Aber der Widerstand gegen das unmenschliche Regime ist damit nicht gebrochen.

Die Sitzverteilung im Stadtparlament (Anfang Februar 1933) Von den insgesamt 76 Stadtverordneten entfielen auf:	
Sozialdemokraten	18
Kommunisten	13
Deutsch-Nationale	12
Zentrum	10
Wirtschaftspartei	8
Deutsche Volkspartei	6
Christl. Volksdienst	5
Deutsche Dem. Partei	2
Nationalsozialisten	2

NRZ vom 17.1.1968

Dem »trojanischen SA-Pferd« droht jeden Tag heilige Feme (3)

**Die Allgemeine Ortskrankenkasse Barmen in der Marienstra-
ße (heute Rudolf-Herzog-Straße) ist seit jeher eine Hochburg
der Sozialdemokraten. Noch nie vor 1933 haben die Nazis
dort einmal richtig ein Bein auf die Erde bekommen. Ihre
nationalsozialistische Betriebszellen-Organisation (NSBO)
kann in der SPD- durchsetzten Krankenkasse vorerst nur im
Untergrund arbeiten. Noch traut sich dort keiner offen für die
Hitler-Bewegung einzutreten.**

So geschieht es auch im Morgengrauen des 5. März 1933 klamm-
heimlich, dass die SA auf dem AOK – Gebäude die Fahne hisst,
die den Sozialdemokraten zutiefst verhasst ist: die Hakenkreuz-
flagge. Die Angestellten, die morgens zur Arbeit kommen, sind
über das Nazi-Emblem, das hoch über der AOK deutlich zu tri-
umphieren scheint, entsetzt. Und wirklich: Niemand traut sich,
die Fahne herunterzuholen.

Böse Zungen: Umgefallen?

Walter Nau, SPD-Mann und Personalratsvorsitzender, bekommt
den Spott seiner Kollegen besonders zu spüren: »Ihr seid wohl
auch schon umgefallen!« Schließlich erträgt Nau die bösen Zun-
gen nicht mehr, und keine fünf Minuten später ist von der Hakenkreuzfahne kein Zipfel mehr zu sehen. Zwei junge Mädchen,
Angestellte der Kasse, nehmen ihrem Personalratschef die weitere
Arbeit ab: Im Heizungskeller der AOK wandert der Stofffetzen
mit dem schwarzen Hakenkreuz auf rotem Grund durch den
Schornstein. Die Nazis sind empört. In einer sofort einberufe-

nen Betriebsversammlung drohen sie mit Verhaftungen, falls die »Schänder ihres Symbols«, das von den Sturmabteilungen am 8. März an allen öffentlichen Gebäuden Wuppertals aufgezogen wird, sich nicht stellen. Unter dem Druck werden die beiden Mädchen schwach und plaudern. Wenige Stunden später halten sie die fristlose Kündigung in den Händen.

Brienne lebt gefährlich

Zu dieser Zeit wird ein junger Wuppertaler, Heinz Brienne, Mitglied der NSBO und SA seiner Stadt. Er soll es runde vier Jahre bleiben, ohne dass die braune Truppe etwas von dem trojanischen Pferd in ihren Reihen merkt. Tollkühn arbeitet dieser Brienne in den Organisationen seiner politischen Gegner. Seine Tätigkeit entbehrt zwar der technischen Raffinessen eines James Bond – dennoch ist Heinz Brienne für seine Gegner gefährlich – und er lebt gefährlich.

Der junge Mann stammt aus einer sozialdemokratischen Familie und tritt nach langem Suchen in die KPD ein. Diese bereitet ihn auf ein Wirken besonderer Art vor: Als »B20« wird er in den kommenden Jahren noch oft von sich reden machen. Jeden Tag droht ihm die »heilige Feme« der SA, die mit Verrätern in ihren Reihen kurzen Prozess macht.

Pistolen entsichern!

Und auch Heinz Brienne kommt öfter als einmal in Gefahr, als Spion der Nazigegner erkannt zu werden. Eines Tages, als er seinem Kontaktmann, dem Wuppertaler Volkshochschullehrer und im Lager der revolutionären Linken stehenden Ewald Funke, einen Bericht über eine Versammlung der NSBO weitergibt, begeistert sich ein Redakteur des KP-Organs »Rote Fahne« so sehr für diese Studie, dass dieser sie entgegen allen Regeln der Vorsicht in Druck gibt. Heinz Brienne fällt am nächsten SA-Abend das Herz in die Hose, als sein Gruppenführer die Rolläden und Türen schließen und die Pistolen entsichern lässt: »Ein Verräter ist unter uns.« Dabei zieht er die »Rote Fahne« aus dem Jackett. Nur zwei sind verdächtig. Einer davon ist Heinz Brienne. Der sitzt völlig erstarrt, die Hand in seiner Jackentasche umschließt mit zittrigen Fingern fest den winzigen Revolver, den er für »Notfälle« bekommen hat. Und er denkt: »Bevor die mich abknallen, tu ich es lieber selbst.«

Flucht nach vorn
Die Flucht nach vorn scheint ihm der einzige Ausweg, und deshalb droht er: »Wenn du noch einmal so was behauptest, schlag ich dir in deine Schnauze.« Der Ton bei der SA ist nicht eben herzlich. Der Trick glückt, der Verdacht fällt auf das zweite schwarze Schaf in der braunen Truppe. Lange Zeit bleibt dieser verschwunden, und als er wieder auftaucht, sind die Schwellungen und Blutergüsse von den Folterungen noch immer nicht ganz geheilt.

Nazis fühlen sich vom Konsum »Vorwärts-Befreiung« beleidigt (4)

Schon lange vor der Machtergreifung ist der Wuppertaler Konsum den SA-Truppen ein Dorn im Auge. Denn die Einkaufsgenossenschaft, die in der Stadt im Tal sogar über eine eigene Sparkasse und einen Schlachthof verfügt und den pathetischen Namen »Vorwärts-Befreiung« trägt, hat der Sturmabteilung der Nazis einst übel mitgespielt. Die SA meinte nämlich, sie hätte dem Konsum eins ausgewischt, als sie die Werbeplakate der Genossenschaft, die das moderne Verwaltungsgebäude auf Klausen zeigt, mit weißen Klebezetteln mit der Aufschrift »Die zukünftige Hitlerkaserne« überklebt.

Die Konsumer sind zwar böse, doch sie rächen sich mit Humor: Sie drehen einen Film mit Amateur-Schauspielern aus den Reihen der Sozialistischen Arbeiterjugend (SAJ). Filmproduzent: ein NSDAP-Mitglied aus Dortmund. In dem satirischen Flimmerstreifen werden SA-Leute mit verbundenen Augen zu dem gewissen »00-Örtchen« geführt, das die Aufschrift »Hitler-Kaserne« trägt. Zu all der Schmach werden die Film-SAler auch noch von den Metzgern des Konsums – es sind verkleidete Reichsbannerleute – arg verprügelt und auf die Straße geworfen.

50 Reichsmark Geldstrafe

Dieses Zelluloid-Pamphlet läuft in Wuppertal im Anschluss an einen Konsum-Film, der über die einzelnen Bauabschnitte des Klausen-Gebäudes berichtet. Langes Leben ist der »SA von der Hitlerkaserne« nicht beschieden. Der Filmspaß wird verboten. Heinz Schellma (Name wurde auf Wunsch des Betroffenen geändert. Die Red.), Sekretär des Konsums und sozialdemokratischer Stadtverordneter, der für den Inhalt verantwortlich zeichnet, muss 50 Mark Geldstrafe zahlen. Doch damit ist die »Schande« aus den Annalen der SA nicht verschwunden.

In der Nacht zum 4. April 1933 klebt an allen Konsumfilialen die Parole »Kauft nicht im Konsum«. Die SA hat mit der Rache begonnen; mit der Variante einer Losung, die später zur systematischen Ausrottung einer Bevölkerungsgruppe – nämlich der Juden – führen soll. Filialleiter Otto Kettig von der Bredderstraße stört der Boykottaufruf an einem Laden, und so kratzt er ihn mühsam wieder herunter. Wenige Stunden später holt ihn die SA (vom Sturm Noelle) ab. Spitzel und Zuträger gibt es eben jetzt überall.

Der Marsch geht in Richtung SA-Kaserne Beckmannshof. Doch da kommt Kettig eine Idee: Er biegt unterwegs in die Polizeiwache Kleiner Werth ein und entzieht sich so der Justiz der braunen Truppe. Vielleicht hat ihm dieser Schritt vom Weg das Leben gerettet. Denn viele Wuppertaler Polizisten beteiligen sich nicht an dem Terror gegen die Bevölkerung. Sie schicken den Konsum-Angestellten wieder nach Hause.

Konsum zur Arbeitsfront

Heinz Schellma dagegen wird auch in den ersten Monaten des Jahres 1933 von den Nazis nicht vergessen. Deren Bestreben ist es immer noch, den Konsum in das Gesamtwerk der Deutschen Arbeitsfront (DAF) einzugliedern. Doch erst im Juli wagen die den entscheidenden Schlag gegen die Leiter der Genossenschaft, unter ihnen auch Heinz Schellma: sie werden verhaftet. Begründung ist noch immer der SA-Schmähfilm. Die Nationalsozialisten vergessen nichts und niemanden.

Deshalb schreibt der Beauftragte der Deutschen Arbeitsfront für die deutschen Konsumgenossenschaften in Wuppertal noch einmal einen wütenden Brief nach Berlin, der seinen Vorgesetzten die »unerhörte Beleidigung der Volksgenossen« noch einmal in Erinnerung rufen soll: »Reichsbannerleute wurden in SA-Uniform gesteckt und inszenierten einen Überfall auf das Verwaltungsgebäude der Genossenschaft ... Mitglieder der Belegschaft schlugen mit Knüppeln in der Hand den Überfall glänzend zurück ... Diese Inszenierung ist gefilmt worden. Und der Film wurde den Frauen der Mitglieder bei Kaffee und Kuchen unter allgemeinem und großem Beifall vorgeführt.«

Mehrheit für NSDAP

Als der Beauftragte dies alles zu Papier bringt, sind die Nazis in Wuppertal endgültig an der Macht. Die Gemeindewahlen vom 12. März bringen ihnen eine klare Mehrheit: Mit 37 Abgeordneten ziehen sie in das Barmer Rathaus ein.

Gegen die SPD: Der »Führer« wird Wuppertaler Ehrenbürger (5)

Das Schauspiel »Die Marneschlacht« steht auf dem Spielplan der Wuppertaler Bühnen, als am 12. März die Wupper-Wahlschlacht stattfindet. Die Nazis gehen aus diesem Kampf als Sieger hervor. Oberbürgermeister Friedrich vereidigt die Nationalen, denen er sehr zugetan ist, am 2. April im Barmer Stadttheater. Doch die Versammlung bleibt unvollständig, denn die Sozialdemokraten wollen nicht zusammen mit ihren ärgsten politischen Feinden die Eidesformel »Zum Wohle des Volkes« sprechen.«

Franz Landowski, 37 Jahre alt, ist zu dieser Zeit Vorsitzender der SPD im Unterbezirk Wuppertal und beruflich Geschäftsführer des Deutschen Baugewerkebundes, der damaligen Maurergewerkschaft. Mit zehn weiteren Sozialdemokraten (ihr Anteil ist von 18 auf 11 zurückgegangen) zieht er in das jetzt von einer »nationalen Mehrheit« geführte Gemeindeparlament ein.

Im Stadtrat herrscht, seit die Nazis die Macht übernommen haben, ein übler Jargon. Mit Sturmriemen und Koppeln steht die zur Hilfspolizei avancierte SA Spalier, wenn sich die Abgeordneten zu einer Sitzung treffen. Sozialdemokraten und Zentrumsleute werden angepöbelt mit den Rufen: »Was wollt ihr Verräter denn noch hier?« Keiner ist seines Lebens mehr sicher.

Vorzeitiger Rücktritt

Oberbürgermeister Friedrichs trägt alles dazu bei, die Opposition gegen die Braunen kleinzuhalten. Den städtischen Beigeordneten und SPD-Mitgliedern Dröner und Eberle empfiehlt der erste

Bürger der Stadt die Pensionierung: »Es ist besser, wenn Sie ihr Amt niederlegen, damit nicht noch Schlimmeres geschieht.«

Es klingt wie eine Verhöhnung: Die Menschen, die Schlimmes verhüten wollen, werden als Spitzbuben und Verräter gebrandmarkt. Dröner und Eberle reichen unter dem Druck der politischen Verhältnisse ihren vorzeitigen Rücktritt ein und kommen damit doch nur dem »Gesetz zur Wiederherstellung des Berufsbeamtentums« zuvor.

»Alte Kämpfer« rücken nach

Dieses Gesetz legt genau fest: Die Entlassung derjenigen Beamten und Angestellten ist in die Wege zu leiten, die … nicht die Gewähr dafür bieten, dass sie jederzeit rückhaltlos für den nationalen Staat eintreten.

Für die entlassenen, republiktreuen Stadtverwaltungsangestellten rücken »Kämpfer der nationalen Bewegung« nach. Der städtische Jahresbericht für das Jahr 1933 nennt die Zahl von 218 dieser »Kämpfer« im Rathaus.

Am 4. April 1933 werden auch die elf Sozialdemokraten in ihr Amt eingeführt. In der gleichen Sitzung, in der die Nationalsozialisten dem Stadtrat als demokratischer Versammlung den Todesstoß versetzen. Die NSDAP paukt einen sogenannten Beschlussausschuss durch, dem 12 Mitglieder angehören. Bis auf den Justizrat Dr. Wesenfeld von der »Kampffront Schwarz-Weiß-Rot« sind alle PG. Dieser Ausschuss nimmt praktisch alle wichtigen Diskussionen und Entschließungen der Ratsversammlung ab, angeblich, um »eine wesentliche Vereinfachung in den Vorberatungen herbeizuführen.«

Zahnbürste geht mit

Als Zeichen dafür, dass sich die Stadt Wuppertal nun gänzlich in der Fürsorge des »Führers« unterstellt hat, werden in der gleichen Versammlung Adolf Hitler und »dem getreuen Ekkehard des deutschen Volkes«, Hindenburg, das Ehrenbürgerrecht der Wupperstadt verliehen.

Für Franz Landowski beginnt im Sommer 1933 der Weg, den viele seiner politischen Freunde auch gehen müssen: Ein Brief, von Polizeipräsident Veller unterschrieben, flattert ihm am 14. Juli ins Haus: »Ich untersage Ihnen die weitere Ausübung des Mandates als Stadtverordneter. Ich mache Sie darauf aufmerksam, dass Ihre politische Inhaftnahme erfolgt, falls Sie dieser Verfügung zuwiderhandeln!«

Franz Landowski muss sich dieser Anweisung fügen. Dennoch schellt bei ihm nur zwölf Tage später nachts um vier Uhr die Gestapo. Landowski muss mit zum Polizeipräsidium zur Vernehmung. Dann, so versichert man ihm, könne er gleich wieder nach Hause gehen.

Doch der erfahrene Demokrat packt Zahnbürste und Unterwäsche ein und rüstet sich für einen längeren Aufenthalt. Er weiß, dass Vernehmung manchmal den Beginn einer langen Haft, vielfach sogar den Tod bedeuten kann.

20 Tage lang hockt Franz Landowski mit drei Gefangenen in einer Einmannzelle. Dann muss er plötzlich Antreten zum Verhör. Seine Kumpel haben ihn schon abgeschrieben. Aber bei der Vernehmung wird er nur gefragt: »Sie haben doch zu Hause das Ebert-Bild hängen?« Er bejaht. Und erfährt gleich darauf das verblüffende Angebot: »Wenn Sie das Bild abhängen, können Sie nach Hause gehen.«

Franz Landowski überlegt nur eine Sekunde, dann sagt er »ja«. Das Ebert-Bild wandert zwar aus der Wohnung auf den Speicher, doch der Sozialdemokrat Landowski hat deshalb seine Gesinnung nicht geändert.

Gestapo kombiniert: Anarchisten wollen SA-Verpflegung vergiften (6)

Am 30. April, am Vorabend des 1. Mai 1933, herrscht bei Wuppertals Textilarbeitern Alarmstimmung: Man erwartet in der Nacht zum »Tag der Arbeit« den Sturm der SA auf das freie Gewerkschaftshaus. Allzu deutlich hat NSDAP-Sprachrohr »Wuppertaler Zeitung« die Abkehr vom marxistischen Gepräge dieses Tages gefordert. Etwa 25 Gewerkschafter verbarrikadieren sich in den frühen Abendstunden im Haus an der Parlamentstraße 3, in dem sich auch die Geschäftsstelle des »Freidenkerverbandes« befindet. Vier von ihnen tragen geladene Pistolen bei sich. Jeder ist bereit, das Haus gegen den Angriff der Nationalsozialisten zu verteidigen.

Nach Einbruch der Dunkelheit schleichen sich ein paar Gestalten aufs Dach. Und dann weht einsam wieder eine schwarzrotgoldene Fahne über Wuppertal, das Symbol der Demokratie, das seit Wochen von allen Fahnenstangen des Reiches verbannt ist. Gegen 22 Uhr kommen weitere Gewerkschaftler zu ihrem Haus und warten ... warten ... warten.

Doch nirgendwo formieren sich stärkere SA-Gruppen. Nur hier und da steht einer von der Sturmabteilung an der Straßenecke und beobachtet, was sich im Textilgewerkschaftshaus tut. Es wird für alle eine ruhige Nacht.

Der folgende Tag taucht die Stadt an der Wupper in ein Meer von Fahnen. Die Bevölkerung, normalerweise gewohnt, den 1. Mai als Kampftag der Arbeit zu begehen, entdeckt plötzlich andere Töne. Die Fahnen sind nicht mehr nur rot; schwarz und weiß haben sich mit ihnen verbündet. Das Hakenkreuz weht über den Straßen. Als Drohung für alle, die nicht bereit sind, sich dieser Fahne, diesem Kreuz, zu unterwerfen. Doch der Appell an das »Nationale« zeigt Früchte: über 100 000 Wuppertaler sind auf den Beinen. Selbst die Gewerkschaft der Angestellten ruft ihre Mitglieder auf, mit den Nazis zu marschieren.

In diesen Tagen gibt es in den Wuppertaler Gewerkschaftshäusern heftige Diskussionen. Die Funktionäre der Arbeitervertretungen sind sich über die Wirkung der neuen Machthaber völlig uneins. Die einen fordern die Vorbereitung auf den Widerstand, andere glauben, dass Hitler die Gewerkschaften in der jetzigen Form bestehen lässt. Die Auseinandersetzung lähmt, und die Uneinigkeit wird zum Pförtner für die Beauftragten der Deutschen Arbeitsfront.

Es fällt kein Schuss, es fließt kein Blut, als am 2. Mai in den Morgenstunden alle Wuppertaler Gewerkschaftshäuser von den Nazis besetzt werden. Widerstandslos lassen sich die Sekretäre und Angestellten »gleichschalten«. Die SA braucht nicht in Aktion zu treten. Doch für manchen, den in diesem Moment der Mut verlässt, und der seinen Protest lieber für sich behält und eine Faust in der Tasche macht, ist die schlagende und schießende Sturmabteilung im Hintergrund Gegenwart. Ein falsches Wort, ein falscher Schritt – und man könnte ihr ausgeliefert sein.

Vielen falschen Schritten glaubt die SA zu dieser Zeit bei der Familie B. auf der Haspeler Schulstraße auf die Spur gekommen zu sein. Der Vater und die drei Söhne Wilhelm, August und Fritz, alle Vertreter der in Wuppertal etwa 40 Mitglieder zählenden »Freien Arbeiter-Union«, einer gewerkschaftlichen Gruppe der Anarcho-Syndikalisten, finden sich eines morgens im Gestapokeller in der Von-der-Heydt-Gasse wieder. Der Grund: In ihrer Gartenlaube hat man Zyankali gefunden und damit, so kombinieren die überall Verrat witternden Herren von der

Geheimen Staats-Polizei messerscharf daneben, hätten die vier Anarchisten in einer der Wuppertaler SA-Kasernen das Essen vergiften wollen.

Auch der Chef lügt

Alle Beteuerungen über die Schuldlosigkeit nutzen nichts. Erst der Chef des Familienvaters entlastet die Gefangenen, die inzwischen ins Frauenhaus des Gefängnisses Bendahl einquartiert werden: Er gibt an, er habe den B.s das Zyankali zur Bekämpfung der Ratten verkauft. Dass auch er lügt, um die drei zu retten, weiß niemand.

Die Anklage verschwindet im Papierkorb. Dennoch wartet Frau B. in der Barmer Haspeler Schulstraße vergeblich auf Mann und Kinder. Mit dem Stempel »Schutzhaft« in den Papieren, kommen sie mit einem Gefangenentransport ins Börgermoor – in eines der ersten Konzentrationslager des »Dritten Reiches«.

Der »Hinkende Teufel« führt in der Kemna ein grausames Regiment (7)

Die Wuppertaler Gefängnisse platzen aus allen Nähten. Sogar im Frauenhaus in Bendahl hat man für politische Gefangene und solche, die man dafür hält, Platz gemacht. Im Sommer 1933 herrscht in Wuppertal ein echter Gefängnisnotstand. Das bringt den inzwischen zum Polizeipräsidenten avancierten »Emmes« Veller auf eine »beispielhafte« Idee: Er will ein Konzentrationslager haben, ein Privat-KZ für die SA.

Der Regierungspräsident in Düsseldorf empfiehlt daraufhin dem Innenminister in Berlin am 6. Juli 1933: »Die Strafanstalten des Regierungsbezirks sind infolge der zahlreichen in Schutzhaft genommenen politischen Gefangenen sehr stark überbelegt. Vorläufig kann mit einer Verminderung der Gefangenenzahl nicht gerechnet werden. Das besichtigte leerstehende Fabrikgebäude der früheren Wuppertaler Putzwollfabrik ist für die Unterbringung von 200 bis 300 Gefangenen geeignet und sollte der SA-Untergruppe ohne Mietkosten überlassen werden.«

Anfang Juli entsteht das Wuppertaler KZ Kemna. Die offizielle Adresse ist Barmen, Beyenburger Straße 146. Die alte Putzwollfabrik liegt in einer hübschen Landschaft. Die Wupper plätschert an dem Backsteinbau vorbei, am anderen Ufer steigt ein waldiger Hügel an.

Neuhoff ist zu weich

Der erste Kommandant der Kemna heißt Hugo Neuhoff und kommt aus Langerfeld. Doch er erweist sich als »untauglich« und wird von Veller wieder entlassen. Der SA-Mann kennt sich zwar in Straßenschlachten aus, lehnt es jedoch ab, wehrlose Menschen zu quälen. Sein Nachfolger, SA-Sturmbannführer Alfred Hilgers, hat da weitaus weniger Skrupel. Unter dem »Hinkenden Teufel«, so wird Hilgers genannt, zieht die SA in Kemna alle Register der Foltermethoden, die ihre Phantasie überhaupt hervorbringen kann. Unbeschreibliches geschieht mit den Menschen, die dorthin gebracht werden.

In Wuppertal verbreiten die Nazis zunächst mit Erfolg das Gerücht, in der Kemna säßen kriminelle Schwerverbrecher. Doch bald sickert durch, dass vor allem die politische Opposition das KZ bevölkert. Und allmählich bekommt man in der Stadt im Tal auch Ohren für das, was dort an Grauenhaftem geschieht. Das Gerücht schafft makabere Gewohnheiten. Denn den Kindern in Wuppertal wird nicht mehr mit dem Buhmann oder der Polizei gedroht: »Pass auf, sonst kommst du in die Kemna!« Das sagen die Eltern halb scherzend und gedankenlos daher.

Die Konservativen schweigen
In Wuppertals konservativen Kreisen ist man der Ansicht, dass den Kommunisten die Kemna ganz gut bekommen würde. Vielleicht würden sie anders denken, wenn sie wüssten, was in der Kemna geschieht.

Kemna-Appetithäppchen: Heringe mit Rohsalz und Staufferfett (8)

In dem dreigeschossigen Fabrikbau an der Beyernburger Straße haben die ehemaligen Besitzer nicht viel zurückgelassen. Ein paar Eisenspinde, Kanister mit Petroleum und Kübel mit Staufferfett. Es gehört schon ein Übermaß an krankhafter Phantasie dazu, aus diesen Utensilien grausame Folterwerkzeuge zu machen. Aber die Kemna-SA hat immer neue Einfälle, wie sie die wehrlos ausgelieferten Gefangenen quälen kann. Die Relikte des Betriebes spielen eine wichtige Rolle dabei.

Auf die »Bonzen«, das sind bei den Nazis die führenden sozialdemokratischen Männer aus der Partei, den Verwaltungen und der Gewerkschaft, macht die SA besonders gerne Jagd. August Christmann und Emil Qutizau vom örtlichen SPD-Vorstand und Oskar Hoffmann, Wuppertaler Redakteur der »Freien Presse«, ein schon betagter Mann mit imposantem Vollbart, werden Kemna-Insassen. Auch Arbeitsamtsdirektor Willi Bökenkrüger (nach 1945 Arbeitsminister in Rheinland-Pfalz), der Direktor der Krankenkasse Willi Enz und die Betriebsräte der Barmer Bahnen Fritz Senger und Adolf Mann gehen durch das Lagertor. Georg Petersdorf, Reichsbannermann aus Düsseldorf und der Wuppertaler Reichsbannerleiter Willi Hohmann landen ebenso in der Kemna.

Zu Tode gequält
Auch demokratische Polizeibeamte, die sich vor 1933 den Zorn der Nazis zugezogen hatten, werden jetzt erbarmungslos eingesperrt: Fritz Schulte (nach dem Krieg erster Polizeipräsident

von Wuppertal), Kriminalassistent Pauli, Paul Guse und Polizei-inspektor Niermann. Niermann steht auf der schwarzen Liste, weil er ›Emmes‹ Veller verhaften ließ, als dieser total betrunken in eine Menschenmenge schoss.

Kommunisten werden in der Kemna prinzipiell mit einer Sonderbegrüßung bedacht. Tödlich endet sie für den Organisations-leiter der Wuppertaler KPD Otto Böhne. Er wird von der SA mit den zynischen Worten empfangen: »Du kommst hier lebend nicht mehr raus. Dich machen wir hier kaputt.« In der Tat muss Otto Böhne Unmenschliches erdulden. Stundenlang schlägt die SA mit Ochsenziemern, Kabeldrähten und Peitschen auf ihn ein, langsam, systematisch und mit Überlegung wollen sie den Kommunisten zu Tode quälen.

Mithäftlinge von Otto Böhne schildern als Augenzeugen die unglaublichen Grausamkeiten, die bei anderen Gefangenen eben-so verübt werden.

Robert Brink: Als Böhne einen Eimer Wasser die Treppe her-unterträgt, wurde er von einem SA-Mann mit dem Gewehrkol-ben in die Rippen gestoßen und fliegt die Treppe herunter.

Kriminalassistent Pauli: Böhne ist derart zusammengeschla-gen worden, dass er kaum noch gehen konnte.

Lagersanitäter Hugo Jung: Böhnes Urin war blutig, außerdem lief ihn dauernd gelbe und grüne Flüssigkeit aus dem Mund.

Kurt Schönwald: Bei der Aufnahme in die Kemna standen wir mit dem Gesicht zur Wand. Verschiedene Wachmannschaften haben Böhne derart mit dem Kopf gegen die Wand gestoßen, dass er aus Nase und Mund blutete.

Aber das Greuelregister der SA in der Kemna ist noch lange nicht erschöpft. »Appetithäppchen« nennen die zynischen La-gerbewacher die in Rohsalz eingelegten Heringe, die den Gefan-genen in den Mund gezwungen werden. Oft beschmieren diese Sadisten den Fisch noch mit Staufferfett. Dann zwängen sie ihr

Opfer in einen der Spinde und stellen ihm ein Glas Wasser vor die Nase.

Einer wird wahnsinnig

Karl Erlemann, ein Kemna-Insasse, wird infolge der viehischen Misshandlungen wahnsinnig. Der städtische Angestellte Abraham Trappmann will sich die Pulsadern aufbeißen, als man ihm nach einem versalzenem Hering Petroleum zu trinken gibt.

Sommers wie winters werden die Gefangenen, die ohne irgendeine Bedeckung auf blutdurchtränkten Säcken in den Lagerhallen liegen, in die Wupper zum Baden gejagt.

Der preußische Zentrumsabgeordnete Hirtsiefer ist eine Sensation im Lager Kemna. Die SA hat ihm ein besonderes Martyrium zugedacht: er muss in voller Montur in die Wupper springen. Dazu überschüttet man ihn noch mit eiskaltem Wasser.

Die ersten Häftlinge, die aus der Hölle Kemna entlassen werden, müssen heilige Eide auf ihre Verschwiegenheit schwören. Nichts darf darüber bekannt werden, wie die SA dort in Barmen haust. Doch kaum sind die ersten auf freiem Fuß, da werden in der Stadt im Tal Flugblätter verteilt. »Die Wahrheit über die Kemna.« Alle Drohungen haben nichts genutzt.

Widerstandswille wächst

Bei Prügel und Grausamkeiten im Wuppertaler SA-KZ ist in den Hitlergegnern der Stadt der Wille zum Widerstand nur größer geworden. Sie wissen alle jetzt genau, gegen wen und gegen was sie kämpfen. Wer vorher noch kein Widerstandskämpfer war – durch die Kemna wird er es.

Kemna-SA schießt auf Neugierige: Ein Kind stirbt (9)

Ganz Wuppertal weiß bald, was in dem Konzentrationslager an der Wupper wirklich geschieht. Sonntags pilgern ganze Scharen von Angehörigen und neugierigen Ausflüglern zu diesem traurigen Schauplatz sadistischer Verirrungen und unsagbarer Leiden. Die SA bewacht ihr Lager umso schärfer. Mehr als einmal schießen die braunen Sturmtruppler in die Mengen ungebetener Zuschauer.

Schließlich bleibt es auch nicht verborgen, dass ein harmloser Weg zum KZ Kemna gefährlich werden kann. Angehörige und Verwandte, die ihren Inhaftierten etwas zu essen und Kleidung bringen wollen, verschwinden selbst hinter den Mauern des Lagers. Erst nach Monaten tauchen sie wieder auf, gezeichnet von den Torturen, die zur Alltäglichkeit werden.

Vergebliche Waffensuche

Am 26. August 1933 werden etwa 200 Häftlinge aus der Kemna nach Remscheid abkommandiert. In einem Mühlenteich sollen Kommunisten dort Waffen, Restbestände der roten Ruhrarmee und Gewehre aus der Kapp-Putsch-Zeit, versteckt haben. So jedenfalls hat es ein Häftling nach mehreren Prügelverhören ausgesagt. Stundenlang müssen die Gefangenen knietief im Schlamm waten und mit den Händen den Boden umgraben. Ergebnis: nichts.

Schaulustige sammeln sich derweil auf einer Anhöhe, etwa 200 Meter vom Mühlteich entfernt. Die SA wird unruhig, sie vermutet, dass sich dort politische Gegner zusammengerottet haben und schießt wahllos in die Menge hinein. Der 13jährige Hermann Göbel wird getroffen und stirbt.

»Auwi« besucht das Lager Kemna

Dieser Fall wird bekannt. Das Konzentrationslager am Rande der Großstadt schafft immer mehr Unsicherheiten. Zuviel über das Geschehen dort sickert durch. Die Auflösung wird langsam vorbereitet. Vorher jedoch kommt noch einmal »hoher« Besuch. Prinz August Wilhelm von Preußen, genannt »Auwi«, Kaiserspross und Ehrenbürger der Stadt Wuppertal. Flüchtig nur, als sei er peinlich berührt, besichtigt »Auwi« die Lagerhallen. Ein Häftling muss ihm einen Blumenstrauß überreichen, damit die Nazi-Presse am nächsten Tag von Sympathiekundgebungen schreiben kann.

Im September 1933 geht ein erster Transport mit KZ-Insassen, darunter auch der Zentrumsabgeordnete Hirtsiefer, ins KZ Börgermoor im Emsland. Einen Monat später, am 17. Oktober, folgen 111 »Schutzhäftlinge«. Sie landen im Lager Neusustrum.

Es wird deutlich, dass die Kemna langsam »abgebaut« werden soll. Die Ablösung von Lagerkommandant Hilgers stärkte die Gerüchte von Differenzen zwischen den führenden SA-Leuten und Streitigkeiten innerhalb der einzelnen Wachmannschaften. Der neue Kommandant, SA-Sturmbannführer Wolters, ist für die restlichen Häftlinge wie eine Wohltat: Die Misshandlungen hören auf.

Aber Wolters bezahlt seine Korrektheit mit dem Leben. Man findet ihn in der Schreibstube des Lagers – erschossen. Dieser Fall wird nie geklärt. Im Januar 1934 verlässt der letzte Häftling das Schreckenslager in Richtung Emsland. Die Kemna wird aufgelöst.

Aus dem Busch klingt es: »Völker, hört die Signale ...« (10)

Um eine Talsperre im Bergischen Land, die Lingese, versammeln sich an den Pfingsttagen der Jahre 1933, 1934 und 1935 rund 700 Hitler-Gegner, darunter eine Menge Wuppertaler. Sie gehören zu den – seit Anfang 1933 verbotenen – Naturfreunden, einem Arbeiter-Touristenverein. An der Lingese-Talsperre leben die Wanderfreunde drei Tage lang so, als seien sie niemals in den Untergrund gezwungen worden.

Sie vertreten den Standpunkt: Das, was jetzt in Deutschland geschieht, das geht uns nichts an, damit haben wir nichts mehr zu tun. Bei Wanderungen durch das Bergische Land pflegt man trotz allem das politische Gespräch. Und harmlose Spaziergänger horchen verwundert auf, wenn plötzlich die »Internationale« irgendwo aus dem Busch klingt.

Der SA-Sturm Hückeswagen ist eigentlich mit der Aufgabe betraut, die unliebsamen Wandervögel aus Wuppertal und Solingen, aus Remscheid und Marienheide zum Schweigen zu bringen. Aber sogar die braune Garde fühlt sich gegen ein solches Aufgebot zu schwach. Rückt sie jedoch mit Verstärkung an, so findet sie den Zeltplatz der proletarischen Wanderer verwaist, denn die haben sich in einzelnen Grüppchen auf Wanderschaft gemacht. Erst wenn die Luft rein ist, kehren sie wieder in die Zelt- und Diskussionsgemeinschaft zurück.

Vier Wuppertaler Männer machen in dieser Zeit Widerstand mit der Wintersportgruppe, einer seit 1928 existierenden und 80 Mitglieder zählenden linken Abspaltung von den Naturfreunden: Fritz Römer, parteilos, Kopf der Wintersportgruppe in Wuppertal; der ebenso parteineutrale Herbert Berends; der KPD-Mann Hermann Rodewig, unter dem Spitznamen »Rehbock« bekannt, und Walter Sander, nach 1933 illegaler Distriktleiter der kommunistischen Partei am Rott, aktiver Sportler im »roten« TSV 29 Freudenberg.

Diese vier Männer, alles leidenschaftliche Fotografen, schließen sich zu einer Gemeinschaft im aktiven Kampf gegen das Naziregime zusammen. Ihre Arbeit entbehrt nicht einer gewissen Raffinesse: Flugblätter werden gezeichnet. Da man kein Abzugsgerät besitzt, werden die Entwürfe der Anti-Hitler-Blätter abfotografiert und vergrößert, hunderte Male. Das Papier für den heimlichen Widerstand kaufen die Naturfreunde in kleinen Mengen in verschiedenen Geschäften. Jede Spur muss sorgfältig verwischt werden, damit man ihnen nicht auf die »Schliche« kommt.

Doch die größte Vorsicht ist umsonst, als die Gestapo der Wupperstadt zwei Tage nach dem traditionellen Lingese-Pfingsttreffen 1933 bei vielen einen unfreundlichen Besuch macht, die schon früher als Mitglieder der Naturfreunde bekannt waren. Im Morgengrauen werden sie verhaftet. Walter Sander ist auch dabei. Hermann Rodewig kann sich kurz vorher aus dem Staub machen. Sein Weg wird ihn ins Ausland führen.

»Vorbereitung zum Hochverrat«, so heißt die Anklage gegen den Naturfreund und Kommunisten Walter Sander. Von der geheimen Flugblattaktion ist der Gestapo noch nichts bekannt. Deshalb kommt der junge Sander noch einmal glimpflich davon: 18 Monate Gefängnis. Bei einer anderen Gestapo-Razzia 1936 wird Walter Sander wieder mitgenommen Doch dann lautet das Urteil des Volksgerichtshofes: 12 Jahre.

NRZ vom 27.1.1968

»Deutsche Christen« in der Gemeinde Gemarke ohne Erfolg (11)

Die Machtergreifung Hitlers, in weiten bürgerlich-konservativen Kreisen als nationale Erhebung angesehen, begeistert auch die Männer der Kirche. Endlich ist der starke Mann am Ruder, der den Linken, den Gottlosen und Freidenkern einen Riegel vorschiebt. Am evangelischen Prediger-Seminar in Wuppertal bildet sich ein SA-Sturm. Der Westdeutsche Jungmännerverein besitzt eine NS-Motorstaffel, und am 12. April nehmen die Presbyterien der Wuppertaler Gemeinden eine Erklärung an, in der »das Erwachen der deutschen Nation und die Erhebung des Volkes begrüßt und Gott gedankt wird für die Männer, durch deren kraftvolles Handeln uns der neue Staat geschenkt wurde.«

Schließlich hat doch Hitler mehrfach betont, dass er die beiden Konfessionen zu den Grundfesten seines neuen Deutschlands rechne. Warum soll man ihm das nicht glauben? Stutzig werden die Pfarrer in Wuppertal erst, als im Mai und Juni plötzlich die »Deutschen Christen« auftauchen und mit ihrer Blut-und-Boden-Religion Machtforderungen verknüpfen. Es sind anfangs nicht wenige Christen in Wuppertal, die diesen Lockungen ein offenes Ohr leihen.

Brauner Reichsbischof

Doch in wenigen Wochen ändert sich dieses Bild. Die Christengemüter des Reiches bewegt die Frage, wer neuer Reichsbischof werden soll: Pastor Fritz von Bodelschwingh oder der Wehrkreispfarrer Ludwig Müller. Der braune Pfarrer kann den Kampf für sich entscheiden. Und eine weitere Entscheidung fällt: Am 24. Juni verkündet ein frischeingesetzter »Staatskommissar für die evangelischen Kirchen im preußischen Staat« die sofortige Auflösung der Presbyterien und verfügt, dass in allen Kirchenvertretungen die »Deutschen Christen« mit 80 Prozent vertreten sein müssen. Auch in Wuppertal.

Nur in der Gemarke, in Unterbarmen und in Wichlinghausen regt sich Widerspruch. Als sich die Gemarker Kirchenleitung Ende Juni weigert, auf den kirchlichen Gebäuden die Hakenkreuzfahne zu hissen und ein vorgeschriebenes Wort zu verlesen, enthebt der staatliche Bevollmächtigte für den Kirchenkreis Barmen, der Langerfelder Pastor Engels, am 1. Juli den Gemarkenpfarrer Dr. Harmannus Obendiek von seinem Amt als Präses und setzt sich selbst an dessen Stelle. Pastor Paul Humburg, ehemaliger Bundeswart des Westdeutschen Jungmännervereins, seit 1929 in der Gemarke und noch am 2. Mai 1933 Hitler-Verehrer, bittet den Reichspräsidenten Hindenburg um Hilfe gegen die Vergewaltigung der Gemeinde.

Die Worte verhallen in Berlin ungehört. Nicht aber in Wuppertal. Die Gestapo und die Nationalsozialisten wissen jetzt: In der Barmer Kirche haben wir nicht nur Freunde. Bei einer Beerdigung im Oberbergischen kommt es Anfang Juli zum ersten Zusammenstoß zwischen dem NS-Landrat Krummacher und Pastor Humburg. Ergebnis: Pastor Humburg wird von seinem Amt beurlaubt, weil er den Landrat angeblich beleidigt hat.

Die Presbyterien der Gemarke und der reformierten Gemeinde Elberfeld fordern die Zurücknahme der Anschuldigungen. Das wirkt. Die widerrechtliche Beurlaubung fällt nach einer Woche unter den Tisch.

Zwei Wahllisten

Nicht unter den Tisch fällt jedoch die Neuwahl der Presbyterien. Die meisten Gemeinden Preußens haben sich mit den »Deutschen

Christen« geeinigt und ihnen die Mehrheit in den kirchlichen Gemeindevertretungen zugestanden. In diesen Gemeinden sind Wahlen fehl am Platze. In Gemarke und bei Pastor Schlingensiepen in Unterbarmen besteht man auf Abstimmung. Den Gläubigen stehen dort am 23. Juli zwei Gruppen zur Auswahl. In der Gemarke: Liste 1, Kennwort »Für Christus und die Gemeinde (Liste Humburg)«, Liste 2, Kennwort »Deutsche Christen«.

Es sind keine freien Wahlen. Das »Dritte Reich« mobilisiert alle seine Kräfte, um die seinen Zielen widerstrebende Macht der Kirche zu brechen. Der »Führer« setzt sich im Rundfunk für die »DCer« ein und es wird das Gerücht verbreitet, wer gegen die »Deutschen Christen« stimme, mache sich staatsfeindlicher und reaktionärer Gesinnung verdächtig.

Erste Niederlage

Doch alle Manipulationen helfen nicht: In der Gemeinde Gemarke muss die »deutsche Liste« eine gehörige Abfuhr hinnehmen. Im neuen 21-köpfigen Presbyterium gibt es nur fünf »Deutsche Christen«. Sie haben einen schweren Stand. Bei wichtigen Gemeindeproblemen zieht sich die Fraktion der Liste 1 zur Beratung zurück. Stundenlang warten dann die »Deutschen Christen« auf das Ergebnis. Dabei wissen sie genau, dass sie bei der Beratung doch überstimmt werden. Nach wenigen Wochen geben sie klein bei: »Sagt uns, wenn ihr etwas beraten wollt, dann gehen wir solange raus!«

Es dauert nur noch einige Wochen, bis die Blut-und-Boden-Christen völlig aus dem Presbyterium verschwinden. Der Nationalsozialismus hat in der Gemarker Gemeinde eine erste Niederlage erlitten.

NRZ vom 30.1.1968

NS-Kanzelstürmer predigt in der leeren Friedhofskirche (12)

Wuppertal ist nicht gleich Wuppertal. Denn was den evangelischen Christen in der Gemarke gelingt, ist bei den Gläubigen rund um den Neumarkt nur ein Wunschtraum. Hier sind die Pfarrer, die den Mut haben, sich der Bekenntnisgemeinde anzuschließen, in der Minderzahl. Die »Deutschen Christen« geben den Ton an. Dabei werden sie von den streng neutralen Kirchenmännern, im Pfarrei-Latein »BDM- Bund der Mitte« genannt, unterstützt. Auf der anderen Seite stehen Hunderte Gläubige, die ihren antinationalsozialistischen Pfarrern die Stange halten.

Als Hitlergegner bekannt ist in Elberfeld die Familien-Dynastie Hesse: Dr. Hermann Hesse als Leiter des Elberfelder Prediger-Seminars, seine beiden Söhne Helmut und Edmund und Namensvetter Pfarrer H. Klugkist Hesse. Auch der Gestapo ist die politische Gesinnung der Hesses nicht unbekannt. Und so wundert es niemanden, dass wenige Tage vor den letzten demokratischen Wahlen im März 1933 nur ein paar Meter von der Hesseschen Wohnung entfernt in riesigen Lettern »Hier wohnt der Landesverräter Dr. Hesse mit seiner Frau und Tochter« an eine Mauer gepinselt wird.

Fenster eingeworfen

Dr. Hermann Hesse kann das ebensowenig erschüttern wie den Barmer Pfarrer Karl Immer, dem man zu dem gleichen Anlass – beide gingen nicht zur Wahl – die Fensterscheiben einschmeißt. Er weiß sich mit seinem Glauben und seinem kirchenpolitischen

Wirken im Recht. So nimmt er den Kampf gegen die NS-hörigen Pfarrer auf. In der Friedhofskirche auf der Hochstraße kommt es zur Machtprobe.

Kanzelstürmer

Während eines von Dr. Hesse gehaltenen Abendgottesdienstes springt ein junger »Deutscher Christ« auf die Kanzel und spricht

zur versammelten Gemeinde. Minutenlang predigen zwei Pastoren um die Gunst der Gemeindemitglieder. Bis Dr. Hesse die Anwesenden auffordert, ihm in den Konfirmandensaal zu folgen. Blitzschnell leert sich die Kirche. Und während der junge Kanzelstürmer mit einigen der neuen Blut-und-Boden-Christen zurückbleibt, predigt Pfarrer Dr. Hesse nebenan vor einem vollen Saal seine Auffassung vom wahren Christentum.

Doch die Nationalsozialisten in der Kirche geben sich so schnell nicht geschlagen. Zuerst einmal entziehen sie dem Bekenntnispfarrer H. Klugkist Hesse die Schriftleitung des reformierten Wochenblattes. Eine neue journalistische Betätigung findet der

Die Gemarker Kirche, Zentrum des kirchlichen Widerstandes, vor ihrer Zerstörung.

so Entlassene aber in Barmen: Gemeinsam mit dem Gemarkepfarrer Karl Immer redigiert er das neue evangelische Sonntagsblatt »Unter dem Wort«, Organ der standhaften Christen.

Schnippchen für Gestapo

Und auf noch andere Art versuchen die Nazis die Front der christlichen Hitlergegner zu durchstoßen: In CVJM-Kreisen kursiert eine Liste, die von drei Pfarrern unterzeichnet ist und für die weitere Unterschriften geworben werden. Man verlangt darin von den Christen ein weiteres Zugeständnis. Sie sollen unterschreiben: »Wir haben als Christen nichts gegen den Hitler-Gruß!« Nur spärlich tröpfeln die Unterschriften.

Dafür schlagen die beiden Pfarrer Dr. Hermann Hesse und Karl Immer der stets in der Telefonleitung »sitzenden« Gestapo ein Schnippchen nach dem anderen: Die beiden ehemaligen Ostfriesen unterhalten sich nämlich nur in ihrer Heimatsprache. Die Spitzel in der angezapften Leitung sind der Verzweiflung nahe. Denn Ostfriesisch lernt man nicht einmal zu dieser Zeit, da arisches Wesen in hohem Kurs steht.

Im Hause Frowein wird die Pfarrerbruderschaft gegründet (13)

In den geheimen Fünfergruppen der Kommunisten kursiert das noch geheimere »Braunbuch über den Reichstagsbrand«. Es soll die Wahrheit über die Nationalsozialisten verbreiten helfen. Und für fünf Pfennig wird eine Sondernummer der längst verbotenen »Freiheit« mit Erlebnissen aus der Kemna und den Konzentrationslagern vertrieben. Verkauft, weil man sich nur so die Möglichkeit zu Gesprächen mit dem Käufer verspricht. Es versteht sich daher von selbst, dass der Kreis der Angesprochenen eng begrenzt ist. Doch fast niemand weiß im Lager der oppositionellen Arbeiterschaft, dass auch an anderer Stelle, in der evangelischen Gemeinde Gemarke, harte Front gegen die Nationalsozialisten gemacht wird.

Noch ehe sich die Bekenntnischristen in der Gemeinde Gemarke sammeln können, hat der neue Reichsbischof die traditionellen Synoden der Protestanten in Bistümer verwandelt. Wuppertal wird dem zum Bischof von Köln/Aachen erkorenen Pfarrer Oberheid unterstellt. Für die Gemeinde und das Presbyterium beginnt damit die Zeit des Bekennens, die Zeit des Protests gegen die »Welt des Führertums in der Kirche.«
Einstimmig und vernehmbar sagt das Presbyterium »nein!«. Nein zum Bistum Köln/Aachen, nein zum neuen Bischof. Die christliche Opposition aus Barmen findet im Rheinland Gehör. Viele Bekenntnispfarrer solidarisieren sich mit den Gemarkern. Doch die Stimme der Barmer Bekenner soll zum Schweigen gebracht werden: Eine geplante Versammlung aller Barmer Gemeindemitglieder in der Aula des Gymnasiums Bleicherstraße wird ver-

boten. Wenige Wochen später werden die Pfarrer Karl Immer und Klugkist Hesse durch eine Verordnung des Reichsbischofs Müller ohne Begründung in den einstweiligen Ruhestand versetzt. Die Gemarke-Gemeindevertretung reagiert erneut heftig: »Das Presbyterium grüßt Herrn Pastor Immer in brüderlicher Verbundenheit und versichert ihm, dass es in unveränderter Treue in Kampf und Leid zu ihm stehen wird.« Es ist für die Sprecher der Gemeinde riskant, solch harte Worte öffentlich auszusprechen. Was wird der Staat sagen? Wie wird die Gemeinde reagieren?

Pastor Karl Immer wird Anfang 1934 ohne Angabe von Gründen in den vorläufigen Ruhestand versetzt Doch das Gemarke-Presbyterium entscheidet: Pfarrer Immer bleibt im Amt. NRZ-Foto: Gerd Hensel

Gauobmann Krause

Bei den Barmer Christen ist die Entscheidung nach der Berliner Sportpalastkundgebung der »Deutschen Christen« im November 1933 zugunsten der Bekenntniskirche gefallen. Die Worte des Berliner Gauobmanns Dr. Reinhold Krause: »Wir schämen uns, bei Juden gekaufte Krawatten zu tragen« hat vielen endgültig die Augen geöffnet.

Trotzdem stockt der Christenheit im Rheinland der Atem, als die Barmer Pfarrer, die sich bereits im Oktober 1933 im Haus des Gemarke-Kirchmeisters Carl Frowein zur Wuppertaler Pfarrerbruderschaft zusammengeschlossen haben, zu einem Wagnis einladen: Am 3. und 4. Januar findet im Gemeindesaal Klingelholl die erste freie Synode der evangelischen Kirche statt. Vorsichtshalber wird erst gar nicht die Genehmigung der offiziellen Kirchenleitung eingeholt.

Die »Deutschen Christen« schäumen vor Wut. Doch sie können noch nicht ahnen, dass über die freien Synoden ihr mit so viel

Lagergeld für die Konzentrationshäftlinge

Die KZ seien halb so schlimm, gaukelten die braunen Machthaber der Öffentlichkeit vor. In allen Zeitungen – hier eine Abbildung aus der Barmer Zeitung – veröffentlichte man sogenanntes Lagergeld, für das sich die Häftlinge das Notwendigste kaufen sollten. Reproduktion: NRZ

Macht und Stolz errichtetes Nationalkirchen-Gebäude einstürzen wird.

Mitte Februar ist die Gemarke erneut Treffpunkt der Bekennenden: Die erste freie evangelische Synode im Rheinland bestärkt die Barmer in Weg und Wille. Es wird der Plan entwickelt, Ende Mai eine Bekenntnissynode für alle deutschen Landeskirchen nach Wuppertal einzuberufen.

Widerstand am Ende?

Doch obwohl zwischen Plan und Tat nur etwa 100 Tage liegen, sind noch schier unüberwindliche Klippen zu umschiffen. Denn bereits wenige Tage nach der zweiten freien Synode gerät die Gemeindeverwaltung der Gemarke aus den Angeln. Wird der Widerstand gebrochen?

Amtsgericht Wuppertal: »Deutsche Christen« sind im Unrecht (14)

Deutschlands Protestanten blicken nach Barmen. Wird es den sechs wagemutigen Pfarrern und dem bekennenden Presbyterium in der Gemarke gelingen, den »Deutschen Christen« und damit dem nationalsozialistischen Staat die Stirn zu bieten? Oder wird der Plan einer gesamtdeutschen Bekenntnissynode den Wuppertalern das »Glaubens-Genick« brechen? Der Termin steht fest: Vom 29. bis zum 31. Mai sollen die Synodalen in der Gemarker Kirche die weiteren Schritte der evangelischen Christen beraten.

Doch die Nationalsozialisten ahnen, was auf sie zurollt. Ihr Ziel kann deshalb nur heißen: Die Bekenntnissynode muss verhindert werden. Ein Anlass ist schnell gefunden. Als sich das Gemarker Presbyterium Anfang Januar 1934 mit einem flammenden Protest gegen die Einverleibung der evangelischen Jugendarbeit in die Hitlerjugend und gegen die Amtsenthebung der Bekenntnispfarrer Heinrich Held, Essen (Herausgeber der oppositionellen »Grünen Blätter«), Friedrich Graeber,

Evangelium im Dritten Reich« heißt das Sonntagsblatt der deutschen Christen. Neben dem Kreuz der Kirche, das Kreuz des Staates, das Hakenkreuz. Reproduktion NRZ

Essen, und Dr. Joachim Beckmann wehrt, reagieren die Nationalsozialisten mit äußerster Schärfe.

Auflösung des Presbyteriums

Am 7. März trifft auf dem Gemeindeamt ein Brief des Provinz-Kirchenrates ein, der die Auflösung des Presbyteriums anordnet. Soll die Kirchenvertretung nachgeben? Das würde eine Unterwerfung unter die »Deutschen Christen« bedeuten. Oder soll Widerstand geleistet werden? In einer Sitzung entscheidet sich das Presbyterium am 19. März für den Widerstand. Der Druck der »DCer« wird stärker. Obgleich sich der Wuppertaler Kreissynodalvorstand auf die Seite der Gemarker stellt, bestehen die NS-Christen auf Auflösung. Jetzt gibt es für die Gemarker nur noch die Flucht nach vorn. Das Presbyterium erkennt seine Auflösung nicht an und fühlt sich weiter für die Verwaltung der Gemeinde verantwortlich.

Tapfere Streiter für die reine Christen-Lehre: die Pfarrer Heinrich Held, Essen (links), D. Paul Humburg, Barmen (Mitte), und Lic. Dr. Joachim Beckmann. Bei der Barmer Bekenntnissynode im Mai 1934 sind sie dabei. Die Nationalsozialisten sehen es deshalb nicht gerne, wenn diese Pastoren in der Öffentlichkeit groß herausgestellt werden. In der Beilage zu den Gemeindeblättern »Die evangelische Welt« werden die Unterschriften unter den Bildern der Bekenntnispfarrern mit schwarzer Tusche »zensiert«.
Reproduktionen: Gerd Hensel

Kirchmeister Carl Frowein geht sogar noch einen Schritt weiter. Mit ganzer Kraft setzt er sich für das Gelingen eines großen evangelischen Gemeindetages in der Westfalenhalle in

Dortmund ein. Als seine westfälischen Glaubensbrüder zögern, mietet er die Halle und bestellt Busse und Sonderzüge.

20 000 Protestanten aus dem ganzen Rheinland – darunter mehrere tausend Wuppertaler – versammeln sich unter dem wahren Wort Jesu. Da die Nazi-Presse schweigt, greift Gemarke-Pfarrer Karl Immer zur Feder. Eine Broschüre mit dem Ergebnis dieses Gemeindetages geht allen deutschen Pfarrern zu.

In der Gemarke geht man wenig später zum »Nahkampf« über. Auf dem Gemeindeamt gegenüber der Kirche erscheinen am 7. Mai drei »Deutsche Christen«. »Wir sind die Bevollmächtigten der Gemeinde«, verkünden sie und fordern von den Angestellten die Übergabe der Amtsgeschäfte. Diese jedoch und am 6. Oktober auch die Richter des Wuppertaler Amtsgerichts entscheiden: die »Bevollmächtigten« sind im Unrecht.

»Barmer Erklärung« geht um die Welt

Doch vorerst haben die Blut-und-Boden-Anhänger die Macht und die vier Angestellten des Gemarker Gemeindeamtes keine Arbeit mehr. Da entschließt sich das »inoffizielle« Presbyterium, in einem Gebäude auf der Heidter Straße 1, ein neues Gemeindehaus einzurichten. Hier werden auch die von den »Deutschen Christen« entlassenen Angestellten wieder beschäftigt.

Auch Nichttheologen

Trotz aller weltlichen Anfeindungen laufen die Vorbereitungen zur Bekenntnissynode auf vollen Touren. Am 28. Mai treffen die Abgesandten aus 19 deutschen Landeskirchen in Barmen ein. Rund 150 Synodale, darunter auch 53 Nichttheologen. Es sind Reformierte, Lutheraner und Unierte, Vertreter »intakter« und zerstörter Gemeinden und Kirchen.

Und auch die politische Zusammensetzung ist sehr breit. Unter den Teilnehmern befinden sich NSDAP-Parteigenossen,

und einer der Unterzeichner der als »Barmer Erklärung« in die
Geschichte eingegangenen Schlusserklärung besitzt sogar das
Goldene Parteiabzeichen. Pfarrer Hans Asussen verliest und in-
terpretiert die sechs Thesen der »Theologischen Erklärung zur
gegenwärtigen Lage der Deutschen evangelischen Kirche«, die
deutlich die Handschrift Karl Barths trägt. Neben Prof. Barth

Heute schon ist der Kampf der evangelischen und katholischen
Gläubigen ein untrennbarer Bestandteil des gesamten antifaschistischen Freiheitskampfes in Deutschland.
    Wir Kommunisten des Westens sehen mit großer Sympathie auf
den tapferen Kampf der Bekennenden Kirche in Wuppertal. Wir
begrüßen die evangelischen Gläubigen, die so zäh und unermüdlich
schon bald drei Jahre um die Verteidigung ihrer Glaubensrechte
kämpfen.
    Da ist ein Flugblatt, das die Bekenntniskirche in Wuppertal ver-

Die Kontakte zwischen den christlichen und sozialistischen Widerstandskämpfern
sind in Wuppertal sehr spärlich. Man marschiert getrennt. Doch im Ausland wird der
Kampf der Wuppertaler Bekenntnischristen sorgfältig registriert. In der illegal aus dem
Ausland eingeführten kommunistischen Flugschrift »Westdeutsche Kampfblätter« wird
den evangelischen Gläubigen Sympathie bekundet.
Reproduktion: NRZ

sitzt der Synodale Gustav Heinemann, heute Bundesjustizminis-
ter. Die Erklärung geht um den Erdball. Die Gläubigen in aller
Welt vernehmen den Ruf: Gott ist der wahre Herr!

    Der christliche Widerstand ist damit in entscheidendes Stadi-
um getreten. Doch muss die Gestapo ihre Augen in der nächsten
Zeit mehr einer anderen Gruppe zuwenden. In den Betrieben
rumort es: Hitlergegner versuchen, illegale Gewerkschaften aufzubauen.

In 30 Betrieben: Illegale Einheitsgewerkschaftsgruppen (15)

Hitler hatte Deutschland Arbeit und Brot versprochen. Doch auch noch 1934 macht der Volksmund aus Wuppertal ein »Hungertal«. Zwar versucht das »Dritte Reich« mit allen Kräften, die am Boden liegende Textilindustrie wieder auf die Beine zu stellen: Millionenaufträge an Uniformen, Fahnentüchern, Festzeichen und Ordensbändern sollen den zahlreichen erwerbslosen Bandwirkern Arbeit bringen. Doch die Beine der Wuppertaler Textilindustrie erweisen sich bald als sehr wackelig.

Die jetzt auf Autarkie eingeschworene neudeutsche Wirtschaft verliert ihre Exportkunden. Das spüren auch die Firmen im Tal: Bartels und Feldhoff, die Hutlitze nach Südamerika und England ausführte, wird stillgelegt. Bemberg, Cossmann, Villbrand und Zehnder, Übersee-Exporteure in Kunstseide und Bändern, müssen Arbeitszeit und Belegschaft auf ein Minimum reduzieren. In vielen Betrieben hat die Arbeitswoche 24, höchstens 36 Stunden. Dazu kommen Mini-Löhne. Ein Textil-Facharbeiter verdient im Durchschnitt nicht über 60 Pfennig in der Stunde. Dabei steigen die Preise: die Margarine verteuert sich zum Beispiel von 28 auf 65 Pfennig.

Oppositionssammelbecken

Die Unzufriedenheit in der Arbeiterschaft wächst. Sogar stramme DAFler und Parteigenossen beginnen angesichts des fast unerreichbar hoch hängenden Brotkorbs zu meutern. Das eröffnet den Leuten des politischen Widerstandes neue Ansatzpunkte. Viele Sozialdemokraten, Kommunisten und Gewerkschaftler, die nach der ersten großen Verhaftungswelle im Zuge der »großzügigen Weihnachtsamnestie« Görings freigelassen werden, gehen in die Betriebe und Fabriken und organisieren mit Hilfe von Sympathisierenden oppositionelle Betriebsgruppen, die als mächtige Sammelbecken der Unzufriedenheit eine Macht gegen den Hiltlerstaat werden sollen.

Bender schweigt nicht

Einer von ihnen ist Paul Bender, 41 Jahre alt, Bandwirker von Beruf und Wuppertaler KPD-Funktionär. Seine Laufbahn nach dem Reichstagsbrand ist die übliche: Illegale Arbeit, Verhaftung,

Bendahl, dann KZ Sonnenburg. Im Lager organisieren sich unter den rund 1000 »Politischen« Widerstandsgruppen. Bender wirkt zusammen mit dem anarchistischen Schriftsteller Erich Mühsam und dem Journalisten Carl von Ossietzky. Dezember 1933 Freilassung auf Grund der Weihnachtsamnestie.

Paul Bender, ehemaliger kommunistischer Abgeordneter im preußischen Provinzial-Landtag, setzt nach seiner Entlassung aus dem KZ Sonnenburg seine Tätigkeit gegen den Hitler-Staat fort. Seine Aufgabe: Organisierung von Gewerkschaftsgruppen in den Betrieben.
NRZ-Foto: Hensel

Paul Bender kehrt sofort in seine Heimatstadt im Tal zurück, überzeugter und entschlossener denn je, diesen Gewaltstaat, den er in Bendahl und Sonnenburg erlebt hat, zu bekämpfen. Zwar muss er bei seiner KZ-Entlassung dreifach ein Revers unterschreiben, über die Sonnenburg-Erlebnisse zu schweigen. Aber wen bindet schon eine erpreßte Unterschrift?

Bender schweigt nicht und setzt sich auch nicht – wie Göring vielleicht gehofft haben mag – eingeschüchtert zur Ruhe.

Paul Benders neue Aufgabe besteht darin, in den Betrieben neue Gewerkschaftsgruppen aufzubauen. Einheitliche Gruppen, Zentren für alle Hitlergegner. Den härtesten Kampf hat Bender mit seinen eigenen Freunden, mit denen der »Revolutionären Gewerkschaftsopposition« (RGO), durchzufechten.

Doch er setzt sich durch. Als Angehöriger der Widerstandsgruppe »Rex« spannt er die Fäden zu oppositionellen Kräften aller Schattierungen. Paul Bender lädt seine Freunde zu stimmungsvollen Sonntagsausflügen rund um Wuppertal ein. Und zwischen Tannen und Buchen formieren sich langsam die Betriebsgruppen, festigt sich die Bindung der verschiedenen im Kampf gegen den gleichen Feind.

In 30 Betrieben

In etwa 30 Betrieben werden gewerkschaftliche Stützpunkte aufgebaut, darunter bei Bemberg, Vorwerk & Co., Jäger, Tölle, Budde, Ziersch und der Barmer Sraßenbahn. Die Agitation knüpft an bei der Unzufriedenheit der Menschen über den Abbau der Löhne, über fehlende oder mangelnde soziale Leistungen, über den Mann mit der Stoppuhr, der hinter vielen steht und hetzt: schneller, schneller …!

Flüsterparole: Unauffällig verduften

Die Mützen und Abzeichen der Deutschen Arbeitsfront, die bereits äußerlich die NS-Gesinnungsfreunde von den »Parias« unterscheiden sollen, werden hoffnungsvoll lächerlich gemacht. Außerdem geben die oppositionellen Betriebsgruppen die Parole von Mund zu Mund: »Bei großen Aufmärschen vorher unauffällig verduften«.

»Strohmänner« kandidieren

Nur ein einziges Mal, im Sommer 1934, leistet sich die Nazi-Arbeitsfront den Luxus eines schein-demokratischen Verfahrens: sie setzt Vertrauensräte-Wahlen an. Bei vielen Antifaschisten gibt es zunächst spontane Empörung und ein klares »Das machen wir nicht mit!« Doch dann wird diskutiert, und schließlich gelangt man zu der Überzeugung, dass der DAF keineswegs das Feld allein überlassen werden darf. Die freien Gewerkschaftsgruppen werden wählen.

Das Abstimmungsergebnis ist für die Nazis katastrophal. Es ist klar, dass die Listen zur Vertrauensrätewahl nur die Namen von treuen DAF-Vasallen nennen. Doch auch hierunter sind – wie bei der Firma Tölle – »Strohmänner«, die von den Hitlergegnern gestützt werden. Bei Vorwerk & Co. sind von 654 Stimmen nur 345 gültig. 82 Nein-Stimmen kommen zu 218 Blanko-Zetteln, die als Ablehnung gedacht sind. In der Färberei Homburg wird das Wahlergebnis, das geben selbst dort arbeitende SA-Leute zu, verfälscht.

Zum ersten und letzten Mal hat sich die Deutsche Arbeitsfront auf eine solch unsichere Sache eingelassen. Die Vertrauensräte-wahlen sind ins Auge gegangen.

NRZ vom 3.2.1968

Bei der Gestapo landen Flugblätter aus der Südstadt (16)

Ein paar Bogen weißes Papier, einen Füllfederhalter und politische Parolen im Kopf: das ist manchmal alles, was Wuppertals zum Kampf gegen das Nazi-Regime entschlossene Männer und Frauen brauchen, um Flugblätter herzustellen. Es gibt keine Druckereien, keine Rotations- oder andere Druckmaschinen für sie. Im Widerstand lernen sie die Handarbeit, das mühevolle Malen der immer gleichen Worte, das Verstellen der Schrift, die keine Merkmale ihres Verfassers mehr tragen darf.

Glücklich sind die Wuppertaler Widerstandsgruppen, die noch über eine Schreibmaschine oder ein Abzugsgerät verfügen. Doch auch das hat seine Tücken. Im »Petroleumviertel«, auf dem Ölberg, lässt das nächtliche Geklapper eine Gruppe hochgehen. Nachbarn haben sie verraten.

Ein ähnliches Erlebnis will die Vier-Mann-Gruppe mit Fritz Vesting, Heinrich Lünink, Erich Hellweg und dem Pflasterer Ernst Volker unbedingt vermeiden. Die vier aus der Elberfelder Südstadt, denen die Finanzmittel für die Flugblätter ausgegangen sind, überlegen: Wie kommen wir an Geld?

Mäntel ins Leihhaus

Der Ausweg ist schnell gefunden. Vier dicke Mäntel und einige Anzüge wandern ins Leihhaus Sommer in der Luisenstraße. Das Töchterchen von Heinrich Lünink bekommt nichtsahnend den wichtigsten Auftrag: Sie holt in einem Schreibwarengeschäft, auf der Kölner Straße, Manuskriptpapier und Wachsbögen. Wird ein

Verkäuferin misstrauisch und fragt nach dem Wozu, so antwortet das Mädchen brav: »Für die Schule.«

Ein sympathisierender Unternehmer stellt den vier Widerstandskämpfern nicht nur seinen Lastwagen zur Verfügung, er fährt ihn sogar selbst. Niemandem fällt es auf, wenn abends ohne festes Ziel ein LKW langsam den Königshöher und den Schwarzen Weg entlangfährt. Unter der Plane wird heftig gearbeitet. Das Rattern des Autos verschluckt das Geklapper der Schreibmaschine. 200 bis 300 Flugblätter entstehen auf der fahrbaren illegalen Schreibstube, unter solchen Bedingungen eine stattliche Anzahl.

Opposition gegen Hitler lebt

Alle Beteiligten wissen, was für eine zu dieser Zeit kostbare, aber auch gefährliche Tätigkeit sie ausführen. Und doch haben sie ihren Stolz: Von jedem Flugblatt wird ein Exemplar an die Gestapo geschickt. Sie soll wissen, dass die Opposition gegen Hitler lebt.

Mit dem Wringer gedruckt

Die Männer der anarchistischen Freien Arbeiter-Union haben sich ein anderes Verfahren ausgedacht, ein lautloses, das weniger Aufwand braucht. Sie machen Linolschnitte. In der Wohnung von Familie B. auf der Haspeler Schulstraße wird seitdem die Wringmaschine zweckentfremdet. Sie vervielfältigt die grob geschnittenen Flugblätter. Nach jeder Aktion muss sie sorgfältig gereinigt werden. Denn schon der kleinste schwarze Farbspritzer könnte den Verdacht der immer misstrauischen Polizei wecken.

Die mühsamste Machart von Anti-Hitler-Schriften hat sich Karl Ibach, mit 18 Jahren jüngster Kemna-Insasse und Mitglied des Kommunistischen Jugendverbandes, zusammen mit einem

Freund ausgesucht. Sie haben sich für ihr Hobby-Quartier, eine Gartenlaube am Stadtrand, eine lebensgefährliche Beschäftigung ausgesucht: Sie schreiben Flugblätter, Aufrufe gegen Hitler und sein unmenschliches Terrorregime. Hundertmal wird der gleiche Text von Hand gemalt, hundertmal verstellen die beiden jungen Leute ihre Schrift, denn kein Weg darf zu ihnen führen. Zuchthaus, Folter oder vielleicht sogar der Tod wären ihnen sicher.

Wer hat die »zersetzenden« Blätter verfasst?
Und dennoch ist einer der beiden unvorsichtig. Er nimmt die von Hand geschriebenen Zettel mit zur Arbeit, steckt sie einem Kumpel ins Overall. Und dieser läuft gleich mit dem »Corpus delicti« zur Polizei. Durchsuchungen, Verhöre, Verhaftungen folgen. Auch der Flugblattschreiber wird verdächtigt, denn man kennt seine politische Gesinnung.

Der Tod ging vorbei
Graphologen ermitteln im Dienst der Gestapo: »Wer hat diese ›zersetzenden‹ Blätter verfasst und geschrieben?« Jeder, der verdächtig ist, muss unter den Augen der Schriftdeuter eine Probe seiner Schreibweise geben. Und dann ist auf einmal auch der Mitverfasser an der Reihe. Munter kritzelt er drauflos, so, wie er immer geschrieben hat. Die Graphologen schütteln den Kopf: »Nein, der war es auch nicht.« Der junge Mann war zu geschickt, der Tod ist noch einmal an ihm vorübergegangen.

Ein Flüsterwitz aus dem »Dritten Reich«
Entnommen der illegalen SPD-Broschüre »Sozialistische Aktion«
»Europa wird überschwemmt, sämtliche Länder verschwinden unter Wasser. Nur die Lage Deutschlands ist noch festzustellen. Man erkennt die Gegend an der großen Zahl von Sammelbüchsen, die an der Oberfläche herumschwimmen.«

Unter der Bettdecke liegt der »Revolutionäre SA-Mann« (17)

Die SA-Männer in den Wuppertaler Kasernen haben allen Grund, sich zu wundern. Nach dem 30. Juni 1934, dem Datum des Putsches gegen ihren Stabschef Röhm, finden sie, flach unter ihre Bettdecke geschoben, jetzt öfter ein illegales Flugblatt. Sein Titel »Der revolutionäre SA-Mann«. Nach der »Nacht der langen Messer« im Sommer 1934 hat sich auch in den Köpfen vieler einst getreuer Nazi-Gefolgsleute einiges gewandelt. In den Sturmabteilungen gärt es; offen tritt die Unzufriedenheit zutage.

Jetzt ist für Heinz Brienne, seit langem schon trojanisches KP-Pferd in der SA-Truppe, die Zeit gekommen. Er besorgt seinen meuternden Kameraden antifaschistische Literatur, auch wenn sie verboten ist. Darunter ist auch der Brief des SA-Mannes Kruse, der sich in die Schweiz geflüchtet hat und von dort aus über die wahren Hintergründe des Röhmputsches schreibt. In Wuppertal wird der Brief vervielfältigt und gelangt in die richtigen Hände. Sogar »rote« Gruppen gibt es jetzt in der SA, die sich treffen, um heimlich »Feindsender« zu hören.

Neue Zeitung erscheint

Hand in Hand mit der Meuterei bei der NS-Terrorgruppe geht der Aufbau freier Gewerkschaften in den Wuppertaler Betrieben. Die Zeit ist günstig: die Arbeitsbedingungen so schlecht wie selten zuvor, die Nationalsozialisten selbst haben Kämpfe in den eigenen Reihen auszufechten und sind geschwächt.

»Unsere Kumpels berichten«

Und eines Tages, gegen Ende 1934, ist plötzlich eine neue Zeitung
da. Es ist eigentlich mehr ein Heftchen. Auf miserablem Papier
miserabel abgezogen. Die dünne Schreibmaschinenschrift kann
nur der lesen, der noch gute Augen hat: »Der Textilarbeiter«,
Organ des Bezirks Wuppertal, 6 Seiten stark, angefüllt mit Informationen über das politische Leben, über den Kampf gegen die
Nazidiktatur, und mit einer Rubrik, die Wuppertaler Textilarbeiter brennend interessiert: Informationen aus anderen Betrieben,
über soziale Ungerechtigkeiten, über Widerstand.

»Unsere Kumpels berichten« heißt das Stichwort. Zeilenlang sind
die Darstellungen über den Alltag, der gar nicht so rosig ist, wie
ihn die Nazis versprochen hatten: Die Homann-Werke in Vohwinkel entlassen im Herbst 1934 153 Arbeiter, darunter auch
zahlreiche NSDAP-Mitglieder. Die Firma lehnt die Forderung der
DAF auf Wiedereinstellung der NS-Leute ab. Massenentlassung
auch in der Schokoladenfabrik Bauer. Nach einem Brand in der
Gummiabteilung der Firma Vorwerk müssen 400 Arbeiter, deren
Arbeitsplatz ein Opfer der Flammen wurde, stempeln gehen.

Gegen Zwangsspenden

Bei Reimann & Meier wird einem Vater von vier Kindern fristlos
gekündigt. Grund: Er hat bei einem Wortgefecht über den Lohn
und das Arbeitstempo Goethe zitiert – aber eben aus dem Götz
von Berlichingen. Zwei »volkstreue« Vertrauensleute heben den
Arm und bezeugen: Der war zu faul zum arbeiten. Die illegale
Textilarbeiter-Zeitung fordert daraufhin empört: Straft die Vertrauensleute mit Verachtung!

Aber auch Erfolge erringen Wuppertals freie Gewerkschaftler.
In der Firma X (der Name bleibt in der Textilarbeiter-Zeitung
wegen der Gestapo ungenannt) ist die Arbeit der Gruppe gut.
Alle Arbeiter sind sich einig, als die Sammelbüchsen-Funktionäre
wieder einmal eine freiwillige Spende fürs Winterhilfswerk haben

wollen: ohne uns! Die Deutsche Arbeitsfront aber ist nicht pingelig. Sie veranlasst den Unternehmer, die Spende vom Lohn der Beschäftigten gleich abzuhalten. Ein wütender Marsch ins Chefbüro ist die Antwort der Arbeiter. Sie bekommen ihr Geld zurück.

Unangenehme Erinnerungen – sogar bei den Leuten der Arbeitsfront – hinterlässt der Besuch ihres Chefs, Dr. Robert Ley, der am 30. November 1934 in Vohwinkel einen Betriebsappell vom Stapel lässt. Einen Tag später will ein Referent in der DAF-Gruppe Barmen-Nord mit diesem Appell bei einer Sitzung für Vertrauensräte Stimmung machen. Ein wenig drastisch holen ihn die DAF-Leute aus seinem Appell-Rausch: »Wir scheißen auf den Betriebsappell, wir verlangen höhere Löhne.«

Zur gleichen Zeit, da der »Textilarbeiter« in Wuppertal gemalte Minipanzer zur Parole »Krieg dem imperialistischen Kriege« (1934) auffahren lässt, fordert der »Deutsche Metallarbeiter«: »Arbeiter der Stirn und Faust meiden den Alkohol.« Auch die Gewerkschaftstreuen unter den Wuppertaler Metallarbeitern haben ein eigenes Blatt herausgebracht. Es wird auch in Velbert und Hagen für einen Groschen an den Mann gebracht.

Die starke und erfolgreiche Gruppenbildung in den Betrieben hat ihre Entsprechung in den illegalen Widerstandsgruppen, die überall in der Stadt fast wie Pilze aus dem Boden schießen. Heinrich Lüning baut allein in der Elberfelder Südstadt 16 sogenannte Fünfer-Gruppen auf. In Holland besorgt sich der Widerstandskämpfer illegales Material. Kurz vor der deutschen Grenze verpflegen ihn noch einmal holländische Mönche in einem Kloster. Sie helfen ihm auch, die lebensgefährliche Fracht unsichtbar am ganzen Körper zu verstauen.

Appell der NSDAP-Kreisleitung: Denunziert!
Bartholomä heißt eine andere Gruppe, in der Kommunist »Päule« Watermann Kontaktmann ist. Die übrigen vier Mitglieder, die zusammen mit ihrem Päule Geld für die Familien der In-

haftierten sammeln, kennen sich untereinander nicht – aus Sicherheitsgründen. Nur Watermann ist das Verbindungsstück in dieser Kette.

Er hat sein Gruppenmitglied Willi Heinzelmann an einem Tag im Januar 1935 gerade wieder kassiert und mit Lektüre versorgt, da wird er verhaftet. Nur 24 Stunden lang erträgt Päule Watermann das grauenhafte Verhör, dann stirbt er. Niemand weiß, ob er im Folterkeller der Von-der-Heydt-Gasse erschlagen oder zu Tode misshandelt wurde. Die Namen von Pauls Kollegen hat die Gestapo trotzdem nicht erfahren. Enttäuscht über solche Misserfolge wendet sich die Kreisleitung der Wuppertaler NSDAP mit einem Appell an alle Kreise der Wuppertaler Bevölkerung: an Betriebsobleute, Vertrauensräte, an Lehrer, ja sogar an Schulkinder: Sie sollen denunzieren, Tips geben, verraten, wo sich nur irgend etwas Verdächtiges tut.

Dann beginnt in der Stadt im Tal eine furchtbare Zeit. Mehr als 1200 Gewerkschafter, Antifaschisten, aber auch Menschen, die den Mund nur ein kleines bisschen aufmachten, wandern in die Gefängnisse. Die zweite große Verhaftungswelle seit der Machtübernahme im Jahre 1933 beginnt.

Die Opposition stellt Fragen
In den Betriebsversammlungen und in den Zusammenkünften der DAF stellen die gewerkschaftlichen Hitlergegner kritische Fragen. Immer wieder tauchen folgende Fragen auf:
Können die Überstunden nicht abgeschafft und dafür arbeitslose Volksgenossen eingestellt werden?
Werden in der DAF-Presse auch Zuschriften der einfachen Mitglieder veröffentlicht?
Warum müssen verheiratete Frauen Ledigensteuer bezahlen?
Widerspricht es dem Führerprinzip, wenn die Kassengeschäfte der DAF im Betrieb, an Ort und im Bezirk durch Arbeitermitglieder geprüft werden?
Wann werden die Gebühren für Arzt- und Arzneimittel abgeschafft?

Reichsmark und Gulden im Bettgestell des »Igels« (18)

Was für Wuppertals Antifaschisten 1933 die Kemna war, wird 1935 das Polizeigefängnis in der Von-der-Heydt-Gasse. Bewährte Schläger, die nach der Auflösung des Vellerschen Privat-KZ nicht brotlos werden dürfen, finden dort willkommene Aufnahme. Die Gestapo und die SA hausen im Polizeigefängnis nicht weniger unmenschlich wie in der Kemna. Im Musterluftschutzkeller haben sich die Gestapo-Leute Zimil, Peters, Hufenstuhl, die Gebrüder Eugen und Franz Pedrotti und der hemdsärmelige Schüttler ihre Schreckenskammer eingerichtet. Wer nicht »singt«, wird verprügelt.

Und das geschieht systematisch: Zuerst Schläge auf den Körper, dann auf Arme und Beine. Zuletzt ist der Kopf an der Reihe. Oft werden die völlig hilflosen Opfer an den Füßen hochgezogen und dann unmenschlich geschlagen. Die Ohnmacht ist für die meisten Prügelopfer erlösende Wohltat. Als blutige Bündel liegen sie dann irgendwo in einer Kellerecke, glauben sich dem Tod näher als dem Leben. Die Wände des »Vernehmungsraumes« werden nach jeder Folterszene sorgfältig mit Papier abgedeckt, damit die Blutspritzer nicht zu sehen sind.

Hilfreicher Wärter

Karl Drewes, gerade 18 Jahre alter Anarchistensohn, findet im Keller der Von-der-Heydt-Gasse einen hilfreichen Wärter, der auch schon seinen verprügelten Vater unterstützte. Er lässt für den bewußtlosen jungen Mann, dessen ganzer Körper von Schlägen gekennzeichnet ist, einen Krankenwagen kommen. Karl Drewes bleibt so von weiteren Verhören verschont.

Andere aber erleben diese Schlagorgien dutzendfach und begreifen nicht, dass der menschliche Körper so viel erdulden kann. Es gibt aber auch Männer, die die gräßlichen Torturen nicht mehr länger ertragen. Sie machen ihrem Leben in der Mordgasse selbst ein Ende. Als die erschreckend hohe Zahl von »Geselbstmordeten« im Ausland ruchbar wird, werden alle Häftlinge mit Handschellen gefesselt, die nur beim Essen abgenommen werden.

Untergrund-Name: Igel

Walter Sander, aus einem anderen Bericht schon als Naturfreund im Widerstand bekannt, arbeitet erneut illegal in Wuppertal, kaum dass sich die Zuchthaustore für ihn geöffnet haben. Der »Igel« – so ist sein Untergrund-Name – unterstützt die Frauen der erschlagenen und gefangenen Hitlergegner mit Geld. Über Holland schleust er Reichsmark nach Wuppertal ein. Ein Jahr weiß die Gestapo von der Existenz des »Igel«, eben solange braucht sie, um den Mann zu identifizieren. Als sie Walter Sander am 6. Juni 1936 am Rott verhaftet und gleichzeitig bei ihm Haussuchung hält, findet sie in

In einem Rapport berichtete die Staatspolizeistelle Düsseldorf dem Geheimen Staatspolizeiamt in Berlin über die Verhaftungswelle in Wuppertal. Doch was die Gestapo nicht an die Zentrale meldete, ist, dass im Tal der Wupper nicht nur Kommunisten verhaftet werden, sondern die sich noch regende Opposition aller politischen Richtungen: Kommunisten, Sozialdemokraten, Anarchisten und – wie an anderer Stelle von der Gestapo selbst bestätigt – auch Angehörige der Deutschen Arbeitsfront. Reproduktion: Gerd Hensel

den Rohren des Bettgestells das belastende Material: 900 Mark und 10 Gulden.

Sadistische Folterungen

Walter Sander landet – wie so viele – in der Von-der-Heydt-Gasse. Weil er die Namen seiner Mitarbeiter nicht verraten will, geschieht Unbeschreibliches mit dem baumstarken jungen Mann: sieben Wochen lang wird er systematisch misshandelt, über den von vielen Körpern blankgescheuerten Tisch gezogen, an Händen und Füßen gefesselt und immer wieder geschlagen. Dann hängt man ihn an den Holzpfählen des Folterkellers auf, droht ihm mit dem Tod und treibt diese zynischen Spiele viele dutzend Male. Für Walter Sander würde der Tod eine Befreiung von diesen ausgeklügelten, sadistischen Folterungen sein. Doch seine Peiniger reißen ihn immer wieder in die schmerzvolle Wirklichkeit zurück. Als Walter Sander schließlich vor dem Volksgerichtshof steht und das Urteil »12 Jahre Zuchthus« hört, da ist es für ihn wie ein Ausweg ins »normale Leben«.

Rettung durch Sprung aus dem Fenster

Nicht immer kann die Wuppertaler Geheime Staatspolizei jedoch ihrer Opfer habhaft werden. List und Pfiffigkeit ihrer Gegner lassen sie oft ins Leere stoßen. Dem Arbeitersportler August Heil und dem Arbeiter Erich Klug zum Beispiel gelingen die Flucht ins Ausland. Ebenso geht es ihr bei der Familie B. auf der Haspeler Schulstraße.

Morgens sechs Uhr klopft es hart an die Tür: »Aufmachen, Polizei!« Vater B., der – wie erwähnt – mit seinen Söhnen der Freien Arbeiter-Union (Anarcho-Syndikalisten) angehört, öffnet. Man sucht seinen Sohn Fritz. Für den Vater heißt es jetzt in Sekundenschnelle reagieren. Er schickt die Gestapo unters Dach. Dort, so erklärt er, schliefe sein Sohn noch. Die Gestapo stolpert treppauf. Derweil steht Fritz B. hinter seinem Vater im Zimmer und rafft blitzschnell seine Siebensachen zusammen.

»Verlorener Sohn« kam nicht

Dann springt er durchs Fenster auf die Straße. Eine Flucht unter den Augen der Polizei, die ihn nach Spanien und Schweden führen wird, bleibt unbemerkt. Die Gestapo tobt; doch sie zieht ab. Erst am zweiten Weihnachtstag 1935 klingelt sie wieder. Sie will sich vergewissern, ob der »verlorene Sohn« nicht zufällig Heimweh bekommen hatte. Er hat nicht.

Das Zitat

Erich Schmidt, Pfarrer in der in der evangelischen Bekenntnisgemeinde Gemarke über seinen Schwager, den Leiter der Deutschen Arbeitsfront, Dr. Robert Ley: »Niemand kann etwas für seinen Schwager!«

»Roter Pfeffer«

Ein Flüsterwitz aus dem Dritten Reich, entnommen der Dezember-Nummer des »Deutschen Textilarbeiters«. Wie die Gestapo am 12. Juni 1935 nach Berlin meldete, konnten die Hersteller und Verbreiter dieser illegalen Gewerkschaftsmaterialien Anfang 1935 festgenommen werden.

»Hitler, Goebbels und Göring unterhalten sich beim Frühstück darüber, wie lange ihre Macht wohl noch anhalten werde. Göring meint, zehn Jahre, Goebbels sagt tausend Jahre. Hitler meint, das besage schon der Name NSDAP: Nur Solange Arbeiter Parieren!«

Da staunt die Braut: Ihr Tom springt in die Wupper (19)

Jeder in Wuppertals Widerstandskreisen kennt Tom, jenen aufgeweckten, munteren Werkstudenten aus Düsseldorf, den die bitteren Zeiten zur Stadt ins Tal verschlagen haben. Wo Flugblätter hergestellt und verbreitet, wo neue Widerstandsgruppen gegründet werden, wo Unterstützung für die vom Naziterror betroffenen Familien organisiert und ideologische Klarheit gegen die Nationalsozialisten gesucht wird, steht Tom in erster Reihe. Niemand weiß, dass sich hinter dem Decknamen ein junger Mann namens Hans Breuer verbirgt, den die Düsseldorfer Gestapo fieberhaft sucht.

Und auch Lene, die Verlobte Toms, ist in Wuppertal untergetaucht. Doch »untertauchen« heißt für die beiden Leute nicht, die Hände in den Schoß zu legen. Fast ein halbes Jahr knüpfen sie Kontakte zu Wuppertaler Antifaschisten. Bis jener Tag kommt, den die junge Braut Lene so schnell nicht vergessen wird.

Treffpunkt wird verraten

Auf einem Schwebebahn-Bahnhof hat sie sich mit ihrem Hans-Tom verabredet. Sie kann nicht ahnen, dass dieses Rendezvous für ihren Liebsten zur Falle werden soll. Inzwischen nämlich hat die Wuppertaler Gestapo Wind davon bekommen, was für ein »gefährlicher« Mann in ihrer Stadt Unterschlupf gesucht hat. Der Treffpunkt zwischen Tom und Lene ist verraten worden.

Ahnungslos steht das Mädchen an der Haltestelle, hoch über der Wupper und wartet. Lange Zeit vergeblich ... doch dann sieht sie plötzlich jemanden von der gerade einfahrenden Schwebebahn in die Wupper springen. Und traut ihren Augen nicht, als sie in dem kühnen Springer ihren Tom erkennt.

Kein sicherer Platz

Der hatte wohl einen Tip bekommen und sich der Verhaftung kurzerhand durch einen Sprung ins kühle Nass entzogen. Als Lene ihren völlig durchnässten aber unverletzten Tom auf dem anderen Ufer empfängt, wissen beide, dass nun auch Wuppertal kein sicherer Platz mehr für sie ist. Kurze Zeit später taucht das sympathische Paar wieder unter.

Von Tom weiß man, dass er später in Koblenz der Gestapo in die Hände fiel, vom Volksgerichtshof verurteilt und schließlich 1941 in eine Nervenheilanstalt eingeliefert wurde. Das ständige Leben mit der Gefahr hatte ihn völlig zermürbt. Wenige Tage vor seinem Tod in Düren hat ihn seine Lene noch einmal besucht.

Gestapo will Namen hören

Tom war einer von vielen, die ein Loch im Fangnetz der Wupper-taler Gestapo entdeckten und entschlüpfen konnten. Doch mehr

als tausend Männer und Frauen bleiben – wie bereits berichtet – in den Maschen dieses Netzes hängen. Die Jahre 1935 und 1936 werden – trotz aller Erfolge – als schwarze Jahre in die Geschichte des »anderen«, des antifaschistischen und demokratischen Wuppertal eingehen.

Kaum ist die erste Gruppe verhaftet, da zwingen die Sadisten in der Von-der-Heydt-Gasse ihre Opfer durch grausamste Folter zu Aussagen. Da die Gestapo in jedem Verhafteten ein Mitglied einer illegalen Fünfer-Gruppe

Am 18. Januar 1935 wird der 36-jährige Ronsdorfer Willi Muth erschlagen. NRZ-Foto: Gerd Hensel

vermutet, will sie jeweils vier weitere Namen wissen. Nicht jeder bleibt standhaft. Unter dem Druck der Schmerzen geben viele Namen der Mitkämpfer preis.

Aber auch der Verrat, die Denunziation ist zu dieser Zeit an der Tagesordnung. SA-Männer werden als Mitglieder in Widerstandsgruppen eingeschleust. Oft sind es die eigenen Familien-

7.) Am 25. 3. 1936, gegen 21.50 Uhr wurde in der Polizei-Zentrale in W.-Barmen fernmündlich von einem unbekannten Mädchen mitgeteilt, daß ihre Mutter sie beauftragt habe, der Polizei mitzuteilen, daß ihr Vater in der Wohnung eine Versammlung mit andern Kommunisten abhalte. Es sei beratschlagt worden, von heute ab bis zum Wahltage alle Wälder in Brand zu setzen. Name und Wohnung wurden von der Anrufenden nicht genannt. Eine Nachfrage beim Fernsprechamt war ergebnislos.

Tatsächlich wurden in W.-Barmen am gleichen Abend zwei Waldbrände angelegt. Es ist möglich, daß sie mit der von dem Mädchen gemeldeten Besprechung in Zusammenhang gebracht werden können. So brannten in W.-Barmen in der Forstkultur auf dem kleinen Ehrenberg 10 Morgen Tannenwald. Das Feuer wurde von den Feuerwehren aus Langerfeld und Ronsdorf nach etwa 2 Stunden mühevoller Arbeit gelöscht.

Gegen 22 Uhr brach in der Scharpenacker Tannenschonung in W.-Barmen ein Brand aus, der von der Feuerwehr und Polizeibeamten gelöscht wurde.

Quer durch die Familien geht die Kluft der Weltanschauungen. Verwandte werden zu Feinden. Diese Meldung stand am 26. März 1935 im Tagesbericht der für Wuppertal zuständigen Gestapo Düsseldorf.
Reproduktion: Gerd Hensel

angehörigen, die zur Polizei laufen. Peter Matthieu wird durch seine Frau verraten, der Schwager von Klara Muth verrät sie und ihre ganze Widerstandsgruppe. Nur durch Zufall kann die junge Frau fliehen. Die Kluft der Weltanschauungen trennt die Familie, lässt Verwandte zu Feinden werden.

Gestapo-Kommando Wecke kommt aus Berlin

Goebbels sind die Säuberungsaktionen in Wuppertal so wichtig, dass er eigens das »Wecke-Kommando zur besonderen Verwendung« in die Stadt im Tal schickt. An der Wupper weiß man: Diese Kolonne ist ein Himmelsfahrtskommando für die, die ihm in die Hände fallen. Für zahlreiche Wuppertaler Widerständler kommt mit diesem Gestapo-Trupp der Tod: Willi Muth, der Mann von Klara Muth, Kreikenbaum, Stein, Krämer, Pickard, Merten, Watermann, Jericho, Scheffels und Glitzbach werden in den Verhören umgebracht.

Zu 1) M u t h wurde am 17.1.35 festgenommen.Er war Kassierer de
UB.W.-Elberfeld und gleichzeitig Verbindungsmann zum Bezirk Nieder-
rhein.Nachdem er von einem Mitbeschuldigten belastet wurde,legte er
ein Teilgeständnis ab. Bevor er jedoch zu einer erneuten Vernehmung
herangeholt werden konnte, erhängte er sich in der Nacht zum 25.1.35
gegen 4 Uhr mit seinem Selbstbinder an einem Eisenring,in einer Zelle
des Polizeigefängnisses in W,-Elberfeld.Es war Muth eröffnet worden,
dass eine Gegenüberstellung mit anderen Beschuldigten stattfinden
sollte.Er hat wahrscheinlich daraus die Konsequenz gezogen.Anschei-
nend wollte er seinen Genossen gegenüber nicht als Verräter erscheinen.

So sieht die Gestapo den Tod des Ronsdorfers Willi Muth. Aus einem Bericht der Staatspolizeistelle Düsseldorf an die »Zentrale« in Berlin vom 5. Februar 1935.

Klara Muth wird kurz mitgeteilt, ihr Mann habe sich erhängt. Die Leiche des Hitler-Gegners darf bei der Beerdigung nicht aus dem Sarg genommen werden. Würge- oder Strangulierungsmerkmale sind allerdings nirgendwo zu erkennen. Dafür sind Hände und Füße des Toten völlig verbrannt. Die Gestapo, so stellt sich später heraus, hat Willi Muth mit glühenden Eisenstangen gefoltert. Arme und Beine sind an verschiedenen Stellen durchbohrt.

Die Zunge wird »gelöst«

In der Sterbeurkunde des Wuppertaler Standesbeamten heißt es:
»… Willi Muth wurde nachmittags um vier Uhr tot aufgefunden.
Muth ist zuletzt um zwei Uhr von Polizeiwachtmeister Bube
gesehen worden.« Bube gehörte als SS-Mann zu einem Schläger-
kommando, das die Geheime Staatspolizei bei besonders hartnä-
ckigen Schweigern einsetzte, um deren Zunge zu »lösen«.

NRZ vom 9.2.1968

Gestapo treibt ihn in den Tod: Sozialdemokrat Fritz Senger (20)

Fritz Senger, ehemaliger SPD-Stadtverordneter und Betriebsratsvorsitzender der Barmer Berg- und Straßenbahn, wird am 30. Juni 1936, wenige Tage vor seinem 50. Geburtstag, verhaftet. Die große Welle hat auch ihn, der, seit es Nationalsozialisten gibt, gegen sie gekämpft hat, erreicht. Fritz Senger ist, wie viele seiner Parteifreunde, durch die Kemna gegangen, hat dann bei seiner Entlassung aus dem Börgermoor – so heißt die Station nach dem Wupper-KZ – eine »Enthaltsamkeitserklärung« unterschrieben. Sie gilt nicht etwa dem Alkohol, sondern den »staatsgefährdenden Umtrieben!«

In seinen Betrieb kann Fritz Senger nicht mehr zurück. Denn wer beschäftigt in diesen Zeiten schon einen politisch höchst unzuverlässigen Mann. Also sieht sich der Sozialdemokrat Senger nach einer anderen Erwerbsquelle um: er wird Vertreter für Seifenpulver.

Zusammen mit seinem Freund und Ex-Straßenbahn-Kollegen Adolf Mann, mit dem er schon vor der Machtergreifung die Freuden und Leiden der Politik teilte und der ihn auch in die Kemna begleitete, nimmt Fritz Senger seine politische Arbeit wieder auf. Nichts kommt ihm dabei besser zugute, als sein neuer Beruf.

Der Kontakt zu den Käufern, die Möglichkeit, auch Verdächtige als harmloser Seifenhändler zu besuchen, nutzt der Ex-Gewerkschaftler für eine neue Widerstandstätigkeit: er verteilt illegale Schriften und hilft beim Aufbau von freien Gewerkschaftsgruppen.

Geldsammlungen

Nebenbei sammeln er und seine Freunde für die Angehörigen der
politischen Gefangenen. Oft sind es nur zehn Pfennig – für die
Arbeitslosen des »Dritten Reiches«, für die politisch Unzuverlässigen, ist das eine Menge Geld.

Am 3. August 1936, dem Tag
seines 50. Geburtstages, findet
man den robusten Fritz Senger am
Fensterkreuz einer Gefängniszelle
in der Von-der-Heydt-Gasse. Was
die Gestapo zuvor an Folterungen
mit ihm gemacht hat, bleibt un-
gewiß. Denn der Gefängnisarzt
bestätigt, was er immer bestätigt
hat: Keine anderen Verletzungen
und Wunden. Er muss von Be-
rufs wegen blind für die Folgen
der Folter sein.

Fritz Senger, ehemaliger Betriebsratsvorsitzen
der Barmer Straßenbahn, sagte den Nazis
Kampf an.
NRZ-Foto: Gerd Hensel

»Trost« für Sophie Senger

Sophie Senger, seine Frau, erfährt vom Tod ihres Mannes im
Gefängnis, in das sie am 15. Juni 1936 eingeliefert wurde. Als
»Trost« wird sie in ihre Wohnung in der Schützenstraße ent-
lassen. Und doch hat sie ihren Stolz: auf die Almosen der NS-
Wohlfahrt pfeift sie.

Für die anderen Widerstandskämpfer steht es fest, dass ihr
Mitstreiter »geselbstmordet« wurde. Die Gestapo schickt dage-
gen eine Erklärung nach Berlin: »… bei ihm (Senger) handelt
es sich um einen rückfälligen Schutzhäftling. Der Grund zur
Selbstentleibung dürfte in der Furcht vor der zur erwartenden
Strafe zu suchen sein …«

Senger war am 30.7.36 - gegen 11 Uhr - wegen Vorbereitung zum Hochverrat vorläufig festgenommen und in das Polizeigefängnis eingeliefert worden. Seine Vernehmung erfolgte
am 31.7.36. Bei seiner Vernehmung hat Senger zugegeben, dass
er mit dem ill. Funktionär des AM-Apparates der KPD in Verbindung gestanden und diesem mündliche Informationsberichte
über Vorgänge bei der Barmer Berg- und Strassenbahn gegeben
habe. Diese Informationsberichte sind dann auch später in
illegalen Schriften, insbesondere in holländischen Hetzschrif-
ten wiedergegeben worden.
    Ferner steht fest, dass Senger mehrere Male ill. Flug-
schriften erhalten und diese offenbar weiterverbreitet hat.
Senger war also des Hochverrats überführt.
    Bei Senger handelt es sich um einen früheren SPD-Funk-
tionär. Er war auch Stadtverordneter der Sozialdemokratischen
Partei in Barmen. Vor der Machtergreifung war er Betriebsrats-
Vorsitzender der Barmer Strassenbahn und hat in der schärfsten
Weise SPD-Politik betrieben und gegen die NSDAP gehetzt. Wegen
seiner politischen Tätigkeit wurde er Anfang des Jahres 1933
wegen staatsfeindlicher Einstellung von der Strassenbahn entlassen. Kurz vor der Machtübernahme war Senger derjenige, welche die Belegschaft der Strassenbahn mit Kabelenden und anderen gefährlichen Schlagwerkzeugen ausrüsten liess, um Überfälle
auf - wie er sich auszudrücken beliebe - die "braune Mordpest"
zu begehen.

Reproduktion: NRZ

73 auf der Anklagebank

Sein Freund Adolf Mann wird im ersten großen Wuppertaler
Gewerkschaftsprozeß zu drei Jahren Zuchthaus verurteilt. Mit
Adolf Mann sitzen 73 Männer und Frauen auf der Anklagebank. Ob ein Mann wie Fritz Senger, der von allen Freunden
und Bekannten als munter und lebensfroh geschildert wird, bei
der Aussicht auf drei Jahre Zuchthaus wohl freiwillig in den Tod
geht?

Blockwarte bei der Schwebebahn

Mit großem Wirbel haben die Nazis in der Schwebebahn-Reparaturwerkstätte in Vohwinkel das Uhrenstechen vor und nach der Arbeitszeit abgeschafft. Begründung: Erleichterung für die Volksgenossen. Doch wie staunen die Arbeiter, als es plötzlich heißt, jeder habe morgens um zwanzig vor sieben zu erscheinen. Einzeln werden die Schwebebahner von den insgesamt sieben Blockwarten aufgerufen. Dann müssen sie antreten zum »Morgenappell«. Im Kasernenhofton schallt ein strammes »Stillgestanden« durch die Werkhallen. Mit einem dreifachen »Sieg Heil«, dem deutschen Gruß und dem Kommando »Marsch, an die Arbeit« endet die paramilitärische Zeremonie. Doch selbst bei ihren eigenen Freunden stoßen die Nationalsozialisten mit diesem Spuk auf Widerstand. Der erste Betriebsobmann weigert sich mitzumachen. Die Quittung lässt nicht lange auf sich warten: der DAF-Mann ist für die »Bewegung« nicht mehr tragbar – er wird abberufen.

NRZ vom 10.2.1968

Werner Lust

In diesen Tagen

Samstag, 10. Februar 1968

Liebe Leser!

Jeden Tag kommen Leute und wollen Exemplare der Wuppertaler NRZ seit dem 13. Januar haben. Jeden Tag kommen Briefe,
teilweise aus anderen Orten, mit denselben Wünschen.

Seit dem 13. Januar ist die Wuppertaler NRZ-Serie »nachts,
wenn die Gestapo schellte ...« in Wuppertal und weit darüber
hinaus in aller Munde. Sie wird diskutiert in Schulen, in Bezirks-
vertretungen, in den verschiedensten politischen Gremien, in
kirchlichen und gewerkschaftlichen Kreisen, an Stammtischen
und unter Freunden und Bekannten.

Das Echo hat alle Erwartungen der Redaktion weit übertroffen,
und besonder stolz sind wir von der NRZ, dass es durchweg ein
positives Echo ist.

Heute erscheint die 21. Folge dieser Serie. Als Klaus und Doris
Jann am 13. Januar mit der Veröffentlichung dieser Dokumentation über den politischen Widerstand 1933 bis 1945 in Wuppertal
begannen, hatten wir auf Grund des bis dahin zusammengetra-
genen gesichteten und geordneten Materials die Vorstellung, dass
wir mit 33 bis 34 Folgen auskommen würden.In der Zwischenzeit
hat die Redaktion aus dem Leser-und Freundeskreis derart viele
ergänzende Hinweise, Tips und neue Fakten erhalten, dass nun
klar ist: Wir werden mit der ursprünglich vorgesehenen Län-
ge nicht auskommen, es werden noch einige zusätzliche Folgen
geschrieben werden müssen. Insbesondere wird die Darstellung

des Widerstandes innerhalb des kirchlichen Raumes und des Widerstandes, den Einzelpersonen nach Zerschlagung der illegalen Organisationen leisteten, zusätzlichen Raum in Anspruch nehmen.

Wir sind sehr dankbar für die zahlreichen nachträglichen Hinweise, die die Redaktion erreichten, und wir sind sicher, dass wir auch in den nächsten Tagen noch weitere Tips erhalten über Vorkommnisse im Zusammenhang mit dem politischen Widerstand aus jenen dunklen Jahren unserer jüngeren Vergangenheit.

Das überaus große und durchweg positive Echo, dass unsere Serie bislang fand, macht deutlich, wie sehr es notwendig ist, dieses Geschehen in den Jahren 1933-1945 zusammenhängend darzustellen. Das große Interesse an unserer Serie straft auch jene Lügen, die meinen, es wäre das klügste, unsere politische Vergangenheit dadurch zu bewältigen, dass man sie mit Schweigen überdeckt.

Aus der Stadtredaktion
Klaus H. Jann und seine Frau Doris, Verfasser der Serie » Nachts, wenn die Gestapo schellte«, werden mit Anfragen bombardiert, ob die Dokumentation auch in Buchform erscheint. Jetzt überlegen sie Möglichkeiten, die Widerstandsserie als Buch herausgeben zu lassen.

NRZ vom 10.2.1968

Zwei illegale Flugblätter gelesen: vier Monate Gefängnis (21)

In Wuppertal wird im Jahre 1936 ein trauriger Rekord aufgestellt: der Berliner Volksgerichtshof und das in die Wupperstadt verlegte Oberlandesgericht Hamm bringen es fertig, 101 Angeklagte in 12 Tagen zu verurteilen. Doch es geschieht noch mehr: insgesamt 628 Gewerkschaftler, Kommunisten, Sozialdemokraten und Parteilose werden vor Gericht gezerrt – und die meisten werden auch verurteilt.

Die Anklageschrift lautet in fast allen Fällen gleich: »... sämtliche Angeschuldigten werden angeklagt, in Wuppertal und Umgebung durch hochverräterische Unternehmen mit Gewalt oder durch Drohung mit Gewalt die Verfassung des Reiches zu ändern, vorbereitet zu haben, und zwar in dem die Tat bei sämtlichen Angeschuldigten darauf gerichtet war, zur Vorbereitung des Hochverrats einen organisatorischen Zusammenhalt herzustellen oder aufrechtzuhalten.«

Was aber hat sich nun wirklich an Hochverräterischem in den Stadtmauern zugetragen? Die meisten Angeklagten hatten das demokratische Recht für sich in Anspruch genommen, freie Gewerkschaften zu organisieren, weil die wirtschaftliche Lage trotz aller Versprechen des »Führers« und seiner braunen Vasallen in Wuppertal nicht besser wurde.

Wöchentlich 5000 Zeitungen

Auf dem Höhepunkt der Wuppertaler Widerstandsarbeit werden in den Stadtteilen entlang der Wupper wöchentlich rund 5000 illegale Zeitungen unter der Bevölkerung verteilt, teils verkauft.

Die Nationalsozialisten fürchten diese im Untergrund arbeitende Opposition wie die Pest, beschränkt sich deren Kritik vielfach nicht nur auf die miserablen Arbeitsbedingungen, sondern zeigt den Zusammenhang zwischen Lohnabbau und der Unmenschlichkeit des neuen Staates auf.

Unmenschliches widerfährt dann auch den meisten der politischen Häftlinge, die im Gefängnis wochen- und monatelang warten müssen. Oft werden »Geständnisse« regelrecht erpresst. Und so geschieht es, dass in den Prozessen Männer als Angeklagte auftauchen, die völlig nichtsahnend in diese »hochverräterische« Angelegenheit hineingeraten sind.

Lehrling angeklagt

Franz Mainzer, ein 17jähriger Elektrolehrling aus Elberfeld muss für vier Monate ins Gefängnis. Sein Verbrechen: Er hat von einem Freund je eine Ausgabe des »Textilarbeiters« und »Metallarbeiters« kostenlos bekommen, sie jedoch nicht der Polizei abgeliefert, wie es seit dem 4. Februar 1933 die Reichspräsidenten-Verordnung zum »Schutze von Staat und Volk« vorschreibt.

Wer in den Tagen des Jahres 1935 gar ein Flugblatt mit einem mühsam vom Munde abgesparten Groschen bezahlt oder auch zwei Zehner für die politischen Gefangenen spendet, ist bereits ein Hochverräter. Ein Jahr und neun Monate muss der Elberfelder Anstreicher Erich Hellwig dafür hinter Gefängnismauern.

Seitenlang sind die Anklageschriften in den Wuppertaler Gewerkschaftsprozessen. 628 Männer und Frauen stehen vor den Schranken des Gerichts und erhalten zusammen mehrere tausend Jahre Gefängnis oder Zuchthaus. Hier das erste Blatt der Anklageschrift »Bertram und Genossen«. Reproduktion: NRZ

Der Aufwand, den die Justiz für die Wuppertaler Monster-Gewerkschaftsprozesse betreibt, ist enorm. Ende 1935 kommt eigens zur Aburteilung von 13 »Rädelsführern« der freien Gewerkschaften eine Kammer des Volksgerichtshofes nach Wuppertal. Nach vier Verhandlungstagen spricht Landgerichtsdirektor Schauwecker am 22. November 1935 das Urteil. Der Hauptangeklagte Ernst Bertram, 26 Jahre alt, kaufmännischer Angestellter, muss 15 Jahre ins Zuchthaus. Der geringste Freiheitsentzug wird in diesem Prozess auf neun Monate festgelegt. Doch dieser Prozess ist nur ein Vorspiel.

»Kommunistische Umtriebe«

Eine dichte Menschenmasse wartet am 8. Januar 1936, dem Beginn des ersten Superprozesses, vor dem Tor des Amtsgerichtes. Indes: Der Zweite Senat des Oberlandesgerichts Hamm lässt trotz des öffentlichen Interesses nicht einmal die Angehörigen der Angeklagten zur Gerichtsverhandlung zu.

Den Nazis ist es nur billig, den Aufbau der freien Gewerkschaftsgruppen in den Prozessen als »kommunistische Umtriebe« abzustempeln. Selbst Fritz Senger, der mit den ersten 80 Angeklagten auf der Sünder-Bank sitzen sollte und dann – wie berichtet – aus dem Leben schied, wird bei der Gestapo als Kommunist eingestuft. Gleichmacherei und weltanschaulicher Eintopf ist die beste Methode der Nationalsozialisten, die Bevölkerung zu beruhigen.

Doch der Inhalt der Gerichtsakten lässt sich nicht verheimlichen: Neben den Kommunisten haben sich auch die Mitglieder anderer politischer Richtungen und vor allem Parteilose am Wuppertaler Kampf gegen die Hitler-Diktatur beteiligt. Das spricht sich auch bald jenseits der deutschen Reichsgrenzen herum. Die Wuppertaler Prozesse stehen im Blickfeld der Weltöffentlichkeit.

Der Staatsanwalt: Hier stehen nur Verbrecher vor Gericht (22)

Die 80 Angeklagten, die am 8. Januar 1936 auf der Anklagebank des Wuppertaler Landgerichts sitzen, spüren nichts davon. Aber ihre Angehörigen und ihre Freunde im ganzen Reich sehen die Zeichen der Freundschaft und Solidarität. Sie kommen aus vielen europäischen Ländern. Am sichtbarsten aus dem benachbarten Holland. Dort haben niederländische Ärzte, Rechtsanwälte und Pfarrer ein »Zentrales Wuppertal Comitee« gegründet.

Sein Ziel: politische Schützenhilfe für die Gefangenen und materielle Stärkung der Verwandten von Inhaftierten. Denn die sind in einer Gesellschaft, zu deren großen Vorurteilen die Sippenhaft zählt, überall benachteiligt.

Die Mitglieder im »Centralen Wuppertal Comitee« erhalten ihre Informationen von Wuppertaler Familien, die von der Verhaftungswelle noch nicht betroffen sind. Unter Gefahr für Leib und Leben schmuggeln sie Informationen aus den Prozessen, die nur spärlich fließen, zu den niederländischen Freunden. Einer von ihnen ist Friedrich-Wilhelm Rüddenklau. Er wird deswegen im September 1941 vom Volksgerichtshof in Berlin zu 15 Jahren Zuchthaus verurteilt.

Die zuverlässigen Informationen, die das Comitee auf dem Weg über Düsseldorf-Düren-Grenze – er wird für politische Widerstandskämpfer oft zum rettenden Schleichpfad vor der Verhaftung – erreichen, werden in einem unregelmäßig erscheinenden Bulletin in deutscher Sprache zu Papier gebracht, und auch nach Wuppertal gesandt.

Studenten-Delegation

Am 8. Januar 1936, dem ersten Verhandlungtag im Superprozess, trifft eine Studentendelegation auf Anregung des Wuppertal-Comitees an den Ufern der Wupper ein. Die Niederländer wollen sich selbst davon überzeugen, wie in Deutschland Recht gesprochen und gebrochen wird. Dr. A. C. Oerlemans, ein Arzt und Mitglied des Wuppertal-Comitees, schildert seine Eindrücke und Begegnungen in der Stadt im Tal:

»Die Gefangenen hatte stolze Gesichter«

»7.10 Uhr. Vor der Seitentür des Gerichtsgebäudes stehen in Gruppen 50 Menschen, Männer, Frauen, Kinder. Sie sind die ersten. Der Prozess beginnt erst 9.45 Uhr. Wir mischen uns unter die Menge und versuchen, ins Gespräch zu kommen. Aber alle unsere Mühe ist vergebens. ›Wir dürfen doch nichts sagen.‹ Die Gefragten schauen uns vielsagend an und schweigen.«

Bleiernes Schweigen

Mit einemmal setzt starker Regen ein. Die Wartenden verharren aber auf den Plätzen. Sie drängen sich nur enger aneinander. Ihre fahlen Gesichter, ihre ärmlich, wenn auch saubere Kleidung, atmet eine graue, drückende Trostlosigkeit. Und dieses ostentative Schweigen, das für eine Zeitlang auch uns die Sprache nimmt, dieses bleierne Schweigen ist unerträglich …

9 Uhr. Plötzlich rückt Schupo an. ›Straße frei!‹ Wir werden in die Nebenstraßen abgedrängt. Die Schupo marschiert zum Gefängnis. Die Menge wird von Unruhe erfasst, sie schiebt sich weiter nach vorne. Da – das Gefängnistor wird geöffnet. ›Sie kommen!‹

Vorneweg marschiert laut brüllend ein Schupooffizier, in einem Abstand hinter ihm, rechts und links von Schuporeihen flankiert, die Gefangenen. Die Menge drängt ungestüm voran, ich werde beiseitegeschoben und muss mich auf die Zehenspitzen stellen, um die Gefangenen sehen zu können.

Die Mehrzahl von ihnen ist ohne Kopfbedeckung, ihr Haar flattert im Wind. Die Gesichter der von mir wahrgenommenen Gefangenen waren fest, ja stolz.«

Dr. Oerlemans schildert weiter. Er beschreibt das Gespräch mit dem Staatsanwalt im Gewerkschaftsprozess, der zwar immer wieder beteuert, dass dieses eine offene Gerichtsverhandlung sei. Aber den Holländern wird der Eintritt verwehrt. Auch Wuppertals Polizeipräsident Habenicht beteuert in einem Interview mit dem »Daily Telegraph«: »Alle Prozesse sind öffentlich!« Aber den Holländern wird der Eintritt verwehrt.

Ähnlich geht es auch einer französischen Gewerkschaftsdelegation aus Paris, die am 10. Januar, also nur zwei Tage später, in Wuppertal die Hintergründe des Prozesses ergründen will. Bei den Bandfabriken Cossbrand, Villbrandt und Zehnder und Bemberg interessieren sich die Franzosen für die Lohn- und Arbeitsverhältnisse.

»Ich kann nichts tun!«

In der ersten Firma verweigert ihnen der Direktor den Eintritt mit dem Hinweis: »Da kann ich nichts für sie tun. Wenden Sie sich an die maßgebenden Instanzen, und fragen Sie erst um eine Vollmacht.«

Bei Bemberg begrüßen die DAF-Vertrauensräte die französischen Gewerkschaftler mit den Worten: »Guten Morgen, Kollegen!« Sie holen zwei frühere Sozialdemokraten, gleichsam als Prachtstücke ihrer toleranten Gesinnung, ins Betriebsratszimmer; aber den Sozialdemokraten sind die Lippen wie verklebt. Selbst unter vier Augen mit den Franzosen haben sie eine Furcht, es könnte sich um Spitzel der Gestapo handeln.

Über Grenze abgeschoben

Der Staatsanwalt empfängt sie mit den Worten: »Was wollen Sie hier? Hier stehen keine Gewerkschaftler vor Gericht. Das sind alles Verbrecher. Im Übrigen ist das eine deutsche Angelegenheit. Ich weiß nicht, warum sich das Ausland so aufregt. Ich bekomme täglich Hunderte Protestschreiben. Wo soll das hinführen. Da komme ich überhaupt nicht mehr zur Arbeit. Und dann die Delegationen. Vergangene Woche eine holländische, jetzt eine französische. Das ist ja unerhört. Scheren Sie sich weg von hier und über die Grenze, sonst lasse ich Sie verhaften.«

Die Franzosen protestieren in aller Form gegen diese rüde Behandlung und – werden verhaftet und über die Grenze abgeschoben.

»Herr Dr. Schütt, die Welt wartet auf ihre Antwort ...« (23)

Einhundertvierzehneinhalb Jahre Zuchthaus, 38 Jahre und acht Monate Gefängnis – diese Freiheitsstrafen werden am 17. Januar vom Senatspräsident Cuhlmann im Wuppertaler Landgericht verhängt. Die Angeklagten Phillippiak, Obermeier, Hoegen und Wilkesmann müssen fünf Jahre hinter Zuchthausmauern. Für den gleichen Zeitraum verlieren sie die Ehrenrechte des Bürgers.

Das Recht der freien Meinungsäußerung, das für jeden Deutschen während des Naziregimes zu einer Zuchthaus- oder KZ-Falle werden kann, treibt die ausländischen Journalisten und Publizisten auf die Barrikaden. Was die deutsche Presse ihren Lesern im Detail völlig verschweigt, kann man in dänischen und holländischen, französischen und englischen Blättern lesen.

Kein »politischer Prozeß«

Das einflußreiche niederländische Blatt »**Nieuwe Rotterdamer Courant**« berichtet unter anderem aus Wuppertal: »...Wir kommen unseren Lesern nicht häufig mit diesen Dingen. Aber man kann nicht immer über das Material schweigen, das uns regelmäßig erreicht. Ebensowenig wie man immer davon sprechen kann. Die Menschheit darf diese aber wirklich nicht aus den Augen verlieren. Die Ereignisse in Wuppertal sind ausgelaufen auf eine Reihe schnell aufeinanderfolgender Prozesse, wovon man sehr wenig erfährt, es sei denn die Urteile, die entsetzlich grausam sind. Ein politischer Prozess ist dies in keinem Fall.«

Kampf um Existenz

Die »**Baseler Nationalzeitung**« schreibt über die Ursachen des Superprozesses: »Steigendes Elend und steigender politischer Druck bewirkten zu Beginn des Jahres 1935 in einer Reihe von Betrieben die Bildung von Gruppen, die den Kampf für eine menschenwürdige Existenz aufnahmen. Hunderte Mitglieder der Arbeiterfront, der Vertrauensräte, ja der nationalsozialistischen Partei schlossen sich der Bewegung an.« »**Het Nieuws van de Dag**«, eine rechtsgerichtete niederländische Zeitung, nimmt unter der Überschrift »Was geschieht in Wuppertal?« Stellung: »Es gehen Gerüchte um, dass in dieser nicht weit von unserer Grenze gelegenen großen deutschen Industriestadt sich ein Drama abspielt, das für Hunderte mit langen Gefängnisstrafen endet, falls sie überhaupt die Gefängnisse erreichen«.

Merkwürdige Verfahren gibt es während dieser Prozesse mehr als genug. Es geschieht Dutzende Male, dass ein Angeklagter sein nach dem Polizeiverhör und beim Untersuchungsrichter unterschriebenes Geständnis widerruft. Kein Wunder – denn unter den Schlägen der Gestapo und unter der ständigen Folterdrohung vor dem Untersuchungsrichter hat mancher aus lauter Verzweiflung alles, was von ihm verlangt wurde, ausgeplaudert, selbst wenn es nicht der Wahrheit entsprach.

In grenzenlosem Zynismus und Menschenverachtung richtet der 2. Senat des Oberlandesgerichtes Hamm in vielen Fällen mit der Begründung: »Der Senat ist davon überzeugt, dass Borgmeier (so heißt einer der Angeklagten) vor dem Richter und der Polizei die Wahrheit gesagt hat. Dabei weiß jeder im hohen Gericht, wie die Geständnisse zusammengekommen sind.«

»Offener Brief« an den Gefängnisarzt

Auch Medizinalrat Dr. Schütt, der Gerichtssachverständige beim Landgericht in Elberfeld, weiß, dass die »Wahrheit« aus den Angeklagten herausgeprügelt wird. Dr. Schütt ist Gefängnisarzt. Und ihm ist auch der Erlass bekannt, den der Stellvertreter Adolf Hitlers, Rudolf Heß, im Juli des Jahres 1933 erlassen hat. Darin heißt es: Wer einen wehrlosen Gefangenen schlägt, ist unwertig den Namen eines Nationalsozialisten zu tragen.

Spuren der Misshandlungen

In einem offenen Brief des »Zentralen Comitees Wuppertaler Prozesse« wird Dr. Schütt angesprochen auf die Misshandlungen in der Folterkammer der Gestapo: «...Sie haben als Gefängnisarzt alle diese Menschen gesehen ... Sie sehen die Männer und Frauen und Jugendlichen, die aus den Polizei-Gefängnissen Elberfeld und Barmen ins Staatsgefängnis Bendahl eingeliefert werden. Sie wissen, dass der größte Teil von ihnen Spuren grässlicher Misshandlungen aufweist.

Sie wissen, um nur einige Namen zu nennen, dass dem im März 1935 eingelieferten Arbeiter Hombitzer aus Elberfeld, Nietzschestr. 13, im Polizeigefängnis Elberfeld der Unterkiefer vollständig zertrümmert wurde, dem Jungarbeiter Rudolf Höffgen aus Elberfeld, Franzenstraße, die rechte Schulter zertrümmert wurde, dass der Bauarbeiter Willi Bengson aus Barmen, Leimbacher Straße 52a, im März 1935 ins Staatsgefängnis eingeliefert wurde mit blutunterlaufenem Rücken und Armen.

Es wäre Ihre Pflicht...

Sie werden auch die wirklichen Todesursachen des Arbeiters Josef Gilßberg aus Barmen, Ziegelstraße, kennen, da er im Gefängnislazarett Bendahl verstorben ist... Es wäre Ihre Pflicht, als ärztlicher Sachverständiger der Mordkommission des Landgerichtes Elberfeld, zu veranlassen, dass die Todesursachen der in den beiden Polizeigefängnissen im Laufe des Jahres 1935 verstorbenen Arbeiter Muth, Kreikenbaum, Stein, Krämer, Pickard, Gilßberg,

Merten, Jericho und Bekker aufgeklärt werden. Die Welt wartet auf Ihre Antwort.«

Medizinalrat Dr. Schütt hat der Welt, nach dem Wissen des Chronisten, keine Antwort gegeben.

Erfolg der internationalen Solidarität: Justiz wird nervös (24)

Unermüdlich mahlt die Mühle der Wuppertaler Gewerkschaftsprozesse weiter. Im dritten Monsterprozess stehen 101 Angeklagte vor den Richtern und Geschworenen, die sich auf der Seite der Stärkeren wähnen. Bis zur letzten Minute wird der Prozessbeginn verheimlicht, denn Senatspräsident Cuhlmann und der Staatsanwalt fürchten nichts mehr wie die internationale Öffentlichkeit und ihre Delegationen.

Die Verwandten der Angeklagten, die am 2. Februar endgültig Auskunft haben wollen, werden beim Gericht abgeschustert. Wie sie zu der Vermutung kämen, der Prozess fände am Dritten statt, fragt man sie hier. Doch die Angehörigen behalten recht: Der Prozess beginnt tatsächlich am 3. Februar. War es bei ihnen nur ein untrügerisches Gefühl – oder war durch eine undichte Stelle bei der Justiz etwas durchgesickert?

Per Polizeiauto zum Gericht

Die Straßen um das Gerichtsgebäude sind an diesem Morgen schwarz von Menschen. Die Massen flößen der Polizei sichtlichen Respekt ein. Denn an diesem Morgen werden die Gefangenen nicht – wie üblich – zu Fuß vom Gefängnis ins nahe Gericht gebracht. Man packt alle einhunderteins ins Polizeiauto. Man will nicht noch mehr Aufsehen erregen und vor allem kein Mitleid in der Bevölkerung.

Die Gründlichkeit der deutschen Richter – in Wuppertal gehören dem »Gerichtshof« unter anderem SS- und SA- Führer sowie ein Fliegerleutnant an – ist kaum noch zu übertreffen. Gestapo und Justiz haben Hand in Hand gute Arbeit geleistet. Zwölf Tage dauert der Prozess. Dann wird verurteilt, verurteilt, verurteilt. 75 Angeklagte müssen ins Zuchthaus, die Mehrzahl der anderen ins Gefängnis. Nur wenige werden laufengelassen.

Der größte Folterknecht ist »König«

In der Wuppertaler Presse findet der Blitzprozess kaum Beachtung. Die »Rheinische Landeszeitung«, das Organ der NSDAP, bringt am 17. Februar erst zwei Tage nach der Urteilsverkündung, eine kurze Notiz, nur wenige Zeilen lang: 75 Angeklagte werden wegen Vorbereitung zum Hochverrat bis zu fünf Jahren Zuchthaus verurteilt. Mehrere Angeklagte erhalten Gefängnisstrafen von einem bis zu drei Jahren. Sechs werden freigesprochen.

Der europäischen Presse sind die Wuppertaler Ereignisse allerdings mehr wert als nur fünf Zeilen. » Daily Herald« und die Londoner »Times« präsentieren ihren Lesern den Justizterror, der in Deutschland herrscht. In Frankreich sind es der »Petit Parisien«, »Populaire« und »Peuple«, nur um einige zu nennen. Im republikanischen Spanien, das noch nicht gegen die Truppen Francos kämpft, ist es die Zeitung »Politica«, in der Schweiz die »Basler Nationalzeitung«.

Frau Malraux kommt

Was in dieser Zeit aus den Nachbarstaaten an Sympathiebeweisen und echter Anteilnahme an dem Schicksal der Verurteilten in Wuppertal bekannt wird, ist überwältigend. Eine zweite französische Delegation reist nach Wuppertal; ihr gehört die Frau des heutigen französischen Kultusministers, Andre Malraux, an. Tschechische Arbeiter schreiben an die Betriebe und erkundigen sich nach ihren inhaftierten Kollegen. Aus Frankreich kommen gar Dutzende von Telefonanrufen. Beim Landgericht und in den Wuppertaler Betrieben will man wissen, wie es den Angeklagten und den Angehörigen der Arbeiter geht.

Kehrseite der Medaille

Diese Aktionen europäischer Solidarität zeigen bald einen Erfolg: Sie decken die Nervosität und Rechtsunsicherheit der deutschen Justiz auf. Doch die Medaille hat auch eine Kehrseite: Die Gestapo-Schläger aus der Von-der-Heydt-Gasse sind geradezu versessen darauf, ihren Namen in den ausländischen Gazetten zu lesen. Wer dort als größter Folterknecht verdammt wird, der ist der »König«.

Brief aus Holland

Auszüge aus dem Brief Hilversumer Arbeiter an den Vertrauensrat der Firma Vorwerk & Sohn:

Werte Kameraden! Durch die Tageszeitungen, Flugblätter, Protestaktionen ist die niederländische Arbeiterschaft über den Massenprozess gegen 628 Kameraden aus den Wuppertaler Betrieben unterrichtet … Durch unmenschliche Folterungen des berüchtigten Berliner »Kommando Wecke z.b.V.« wurden ihnen »Geständnisse« ausgepresst, die sie nie begangen haben … Kameraden, wir fordern aber auch von euch, als Vertrauensleute der Arbeiterschaft, wenn ihr noch nicht ganz zu »Untertanen« Kriechern und Unternehmerknechten geworden seid, protestiert überall, wo ihr könnt, gegen derartige mittelalterliche Behandlung eurer Arbeitskameraden …

NRZ vom 16.2.1968

Erstes Widerstands-Gebot: Niemand wird freiwillig verraten (25)

Der Boden in Wuppertal ist heiß geworden. Zuviel ist durchgesickert über die Gewerkschaftsprozesse, über die Methoden der Gestapo, die Rechtsprechung der Richter. Eine für die Hammer Senatsmitglieder gefährliche Missstimmung, ja oft sogar Empörung breitet sich aus. Nicht anders ist es zu erklären, dass das Oberlandesgericht Hamm am ersten Tag des letzten Monsterprozesses gegen die Oppositionellen aus Wuppertal verschwindet. Sang- und klanglos ziehen das Gericht samt Sachverständigen, Zeugen und Angeklagten nach Hamm in Westfalen um, damit es dort in Ruhe »arbeiten« kann.

Das Hammer Pflaster ist noch ungefährlich, noch kennt niemand die 99 Angeklagten und die wahren Zusammenhänge. Am 14. März fallen die Urteile, hart, wie nicht anders zu erwarten ist. 13 Angeklagte bekommen Zuchthausstrafen zwischen vier und zehn Jahren. Am häufigsten gibt es diesmal Gefängnisstrafen zwischen einem Jahr und drei Monaten und drei Jahren und neun Monaten.

Protest des IGB

Zu den bedeutendsten Stimmen des Auslandes, die gegen eine pervertierte Rechtssprechung und die Intoleranz im Hitlerreich protestieren, gehört der Internationale Gewerkschaftsbund. Schon am 15. und 16. Januar hatten im IGB zusammengeschlossene Gewerkschafter aus aller Welt, die in Paris tagten, die Interessen ihrer verhafteten deutschen Kollegen verteidigt und zu einer Protestaktion aufgerufen.

Der IGB gibt damit das Beispiel für alle anderen europäischen Arbeitervertretungen. In dem Aufruf, der über einen Umweg auch in Wuppertal vertrieben wird, heißt es:

Gegen wilden Terrorismus

»Die Leitung des Internationalen Gewerkschaftsbundes hat mit großer Entrüstung von dem Riesen-Prozess, der in Wuppertal gegen viele Hunderte von Arbeitern geführt wird, Kenntnis genommen. Durch diesen Prozess ist ein neuer Beweis für die Abscheu erweckenden Methoden des Hitler-Regimes bei der Unterdrückung und Verfolgung Andersdenkender geliefert worden. Trotz aller Anstrengungen, die Vorfälle zu vertuschen, hat die öffentliche Meinung von den Folterungen, womit dieser Prozess ›vorbereitet‹ wurde und wodurch eine Anzahl Arbeiter gestorben sind, Kenntnis erhalten. Der IGB richtet einen eindringlichen Appell an die öffentliche Meinung, gegen diesen wilden Terrorismus und gegen die pseudojuristischen Methoden, die von der Hitler-Regierung angewandt werden, energisch zu protestieren.«

Die ersten Wuppertaler Superprozesse sind vorbei, die ersten traurigen Rekorde, die die Justiz erreicht, stehen in den Annalen der Stadtgeschichte. Doch die Gestapo ist noch lange nicht zufrieden. Die Jagd nach Menschen, die anders denken und handeln wollen, geht weiter. Systematisch und mit deutscher Gründlichkeit stellt die Gestapo den Widerständlern die Fallen.

In Hamburg schnappt die Falle zu

In Hamburg schnappt die Falle auch bei dem ehemaligen Angestellten der Barmer Ortskrankenkasse Otto Kettig zu. Der 27jährige Kettig war ehemaliger Unterbezirksleiter der Sozialistischen Arbeiterjugend und später zur KPD übergetreten und hatte, als er Anfang Mai 1933 durch die braunen Machthaber aus dem Dienst der Krankenkasse hinausgeflogen war, sein Widerstandsglück erst in Amsterdam, später in Schlesien und in Hamburg versucht. Durch einen Spitzel, den die geheime Staatspolizei in die Reihen der Illegalen geschleust hat, wird er in der Hafenstadt ans »Messer geliefert«.

Unter falschem Namen

Am 2. Juli landet er schließlich in der Von-der-Heydt-Gasse. Unter falschem Namen wird er eingeliefert und soll der Gestapo bei der Aufdeckung weiterer »Verbrechen« dienlich sein. Otto Kettig steht die Torturen durch, die andere vor ihm auch erduldeten. Er weiß, was er tut: »Ich bin davon überzeugt, dass man bestimmte Beweise gegen mich hat. Doch ich muss sie zwingen, mir diese Beweise erst zu nennen, damit ich nicht unglücklicherweise das sage, was sie vielleicht noch nicht wissen!« Das denkt Otto Kettig, als er mit Hundepeitschen und Eisenstangen gefoltert wird. Und er schiebt die Verantwortung für die Organisation des Widerstandes geschickt auf Kollegen, die entweder schon tot sind oder die er im Ausland in Sicherheit weiß. So beachtet er das oberste Gebot aller Widerstandskämpfer im »Dritten Reich«: Niemand wird freiwillig verraten!

Als der Internationale Gewerkschaftsbund 1936 gegen die Wuppertaler Prozesse, in denen hunderte Arbeiter angeklagt sind, protestiert, hat das Wuppertaler Gewerkschaftshaus auf der Wittensteinstraße (unser Bild) längst seinen Namen geändert. Es heißt jetzt »Reinhold-Muchow-Haus« (benannt nach einem erschossenen Nationalsozialisten) und ist Sitz der Deutschen Arbeitsfront.
NRZ-Foto: Gerd Hensel

In Privathäusern: Illegale Prüfungen für junge Theologen (26)

Sommer 1936: die Welt schaut nach Deutschland. In Berlin trifft sich die Jugend der Nationen zu den Olympischen Spielen. Viele Menschen im Reich sagen sich: »**Wenn Hitler diese Spiele des Friedens in unser Land holt und beinahe alle eingeladenen Staaten kommen, dann kann doch auch alles nicht so schlimm sein.**« **Und wenn trotzdem irgendwo im Land die braune Macht ihren Terror offenbart, dann heißt es mit einem geflügelten Wort: Wenn das der** »**Führer**« **wüsste ...**

Nicht viel anders ist es so auch in Wuppertal, als plötzlich – ohne viel Aufsehens – der Wupperfelder Vikar und Bekenner Werner Koch verschwindet. Dass er im Konzentrationslager landet, wissen nur die wenigsten. Doch die Gestapo kann trotz ihrer Schikanen nicht verhindern, dass sich die Reihen der oppositionellen Pfarrer in Wuppertal immer wieder füllen.

Einladung an »Bestrafte«

In der Gemarke wird der Leiter der jungen Bruderschaft, Pastor Heiermann, der vom Rheinischen Konsistorium, dem Kirchenorgan der Nationalsozialisten, entlassen wird, als Hilfsprediger eingestellt, und die von den Elberfelder »Deutschen Christen« mit Kanzelverbot »bestraften« Pastoren D. Hermann Hesse und Lic. Klugkist Hesse und D. Baumann aus Stettin werden zu Vorträgen und Predigten eingeladen.

Der neue Pfarrer

Auch in der Gemeinde Wichlinghausen, die sich der Bekennenden Kirche angeschlossen hat, fließt frisches Blut. Aus dem Hunsrück, von der »Front« des Kirchenkampfes, kommt der »legale« Pastor Hermann Lutze in die »Etappe« Wuppertal. Mit jugendlichem Elan verstärkt er hier die Bekennerreihen der Pastoren Hölzer, Krampen und Sproedt.

Lutze ist nicht zum erstenmal in der Stadt im Tal. Als Bruderratsmitglied der Bekennenden Kirche und als der jüngste der zwölf rheinischen Synodalen hat er im Mai 1934 die »Barmer Erklärung« mitverantwortlich unterschrieben. Deshalb ist er auch in der illegalen Prüfungskommission, die nach der auf Befehl Himmlers erfolgten Schließung der Theologischen Schule die jungen Kandidaten weiter unterrichtet und prüft, zu finden.

Alles verläuft – wenn auch fast nur geheim in Privathäusern – wie vor dem Verbot: Prüfungsordnungen, schriftliche Arbeiten und Protokolle. Nur die Namen der Kandidaten sind für die Nationalsozialisten tabu. Im Hause Lutze gibt es daher ein durch die Zeit begründetes Spiel: Man

astor Hermann Lutze, Bruderratsmitglied der Bekenenden Kirche und Freund des Hunsrückpfarrers chneider verstärkt im Sommer 1936 die Bekennerfront Wichlinghausen. NRZ-Foto: Gerd Hensel

trainiert darauf, Namen und Gesichter zu vergessen. Ein anderes Mal kann der in geheimer Prüfungsmission in Beyenburg weilende Essener Pastor Beckmann die Namensliste der Theologie-Kandidaten nur durch einen Sprung aus dem Fenster vor dem Zugriff der Gestapo retten.

Nur wenige Monate nach dem Umzug Pastor Lutzes nach Wuppertal trifft ein weiterer junger Mann aus dem Hunsrück in Wichlinghausen ein: Dieter, der Sohn des von den Nazis ins KZ verbannten (und später ermordeten) Hunsrück-Pfarrers Schneider. In der ländlichen Gegend des Hunsrücks gibt es für ihn, den Sohn eines »Volksfeindes«, keine Schulbank mehr.

In Wuppertal aber öffnet sich für Dieter bald eine Schulpforte. Direktor Sparrenberg vom Wilhelm-Dörpfeld-Gymnasium beugt sich nicht dem Druck der Nationalsozialisten. Er entscheidet: Der Junge kann an meiner Schule weiterlernen!

Gestapomann: Ein Pastor lügt nie!

Ende Oktober 1936 stellt Pastor Lutze in seiner Predigt provokatorisch an seine Gemeinde die Frage »Hat Rosenberg mit seiner neuen heidnischen Blut-und-Boden-Religion recht?« Die Predigt wird gedruckt und die ersten Exemplare kommen unters Volk, und finden auch Einlass in die Gestapo-Zentrale auf der Luisenstraße. Prompt kommt von dort telefonisch die Benachrichtigung an Pastor Lutze, dass »gleich ein Beamter bei Ihnen vorbeikommt!«

Vikar versteckt die Drucke

Es dauert zwar nur eine halbe Stunde, bis der schwarze Wagen der »Geheimen« vorfährt, doch für Pastor Lutze und einen Vikar Zeit genug, den Stapel gedruckter Predigten an einem sicheren Ort zu verstecken. Und so kann Gestapo-Mann Pendinghaus nur noch ganze drei Exemplare beschlagnahmen. »Mehr hab ich nicht mehr, der Rest ist schon verschickt«, versichert Lutze mit glaubhafter Stimme. Sein Gegenüber schluckt's und bestätigt gar noch: »Ein Pastor lügt nie!« Er kann ja nicht wissen, dass auch ein Diener des Herrn einmal zu einer Notlüge greifen muss.

Klar ist jedoch, dass die Predigten schnell aus dem Haus müssen. Also packt sie Hermann Lutze am nächsten Tag – in seinem Terminkalender steht: Bekenntnisversammlung in Köln – in seine Aktentasche und steigt in Barmen in die Straßenbahn.

Doch plötzlich perlt ihm der Schweiß von der Stirn. Auf der Straßenbahn-Plattform steht Gestapo-Beamter Pendinghaus. Hat er am Vortage doch Verdacht geschöpft? Wird er die Drucke finden? Ein paar belanglose Fragen und der Kelch ist noch einmal an Pastor Lutze vorbeigegangen. In Köln aber freuen sich Stunden später zahlreiche Christen über die »verbotenen« Pfarrersworte.

Wuppertal hat sein Olympia-Festkleid angelegt. Girlanden und riesige Fahnen mit dem Zeichen der »Bewegung« schmücken die meisten Gebäude der Stadt. Hier das Rathaus in Barmen. NRZ-Foto: Gerd Hensel

Geheime Staatspolizei verbietet Pastor Immer das Wort (27)

Deutschlands Erneuerung schreitet voran. Das System ist ein neues, die Gesinnung ist neo-germanisch, in die Kirchen soll ein neues Religionsgefühl einziehen, und die Jugend wird nach neuen Gesichtspunkten erzogen. Da dürfen auch die Bierflaschen der ehemaligen Konsumgenossenschaft auf Klausen nicht ihr altes Gesicht behalten. Auf Befehl der Wuppertaler Gestapo werden etwa 56 000 dieser Flaschen (Wert rund 11 000 Reichsmark) zertrümmert, nur weil sie die staatsfeindliche Inschrift »Konsumgenossenschaft Vorwärts-Befreiung« tragen. Und nicht nur das. Stück für Stück werden die porzellanernen Verschlussköpfe mit dem Hammer zerschlagen.

Doch noch an anderer Stelle wird um diese Zeit Porzellan zertrümmert. Die bekennenden Pfarrer der Wuppertaler Gemeinden sind übereingekommen, das Wollen und Wirken der Bekennenden Kirche einer breiteren Öffentlichkeit zugänglich zu machen. Da die NS- oder die den Nationalsozialisten genehme Presse nichts oder nur wenige Zeilen über den Kirchenkampf berichtet, müssen die oppositionellen Christen die Sache selbst in die Hand nehmen.

»Pressebischof« Immer

Gemarkepfarrer Karl Immer, der jetzt scherzhaft »Pressebischof« genannt wird, lässt in den Druckereien Montanus & Ehrenstein (Barmen) und F. W. Köhler (Elberfeld) Predigten, Vorträge und Beschlüsse der bekennenden Bewegung drucken. Hilfsbereite Gemeindemitglieder besorgten den Versand. Doch auch das ist nicht immer möglich. Die von Pastor Immer unregelmäßig herausgegebenen »Coetus-Briefe«, die den Lesern ein wahres Bild über die Geschehnisse im Reich geben sollen, werden völlig geheim unter die Leute gebracht.

Plötzlich schellt es

Junge Gemeindemitglieder packen nachts die Briefe auf Lastwagen und verteilen die Schriften an Eingeweihte im Ruhrgebiet und anderen Gegenden des Westens. Bis die Gestapo im Juni 1936 den kirchlichen Widerständlern auf die Spur kommt. Fertig verpackt liegen die Briefe im Gemeindehaus Klingelholl, da schellt es plötzlich. Vor der Tür steht ein Gestapo-Kommando. Hausdurchsuchung! Die illegalen Briefe fallen den Herren von der Geheimpolizei sofort ins Auge. Sie werden beschlagnahmt. Und nicht nur diese. Etwa 16 000 Exemplare der Niemöller-Broschüre »Ein Wort zur kirchlichen Lage« wandern ebenfalls in den Gestapo-Wagen. Ein harter Schlag für Pastor Immer.

Die Gemeinde Gemarke sorgt dafür, dass die Bekennerworte im ganzen Deutschen Reich publik werden. Hier der Titel einer Predigt von Martin Niemöller, gedruckt (noch) bei der Elberfelder Druckerei F. W. Köhler. Reproduktion: Hensel, NRZ

Dorn im Naziauge

Doch es ist noch lange nicht der letzte »Streich«. Ein weiterer Dorn im Naziauge ist das Sonntagsblatt »Unter dem Wort«. Mehrmals wird das Blatt für einige Zeit verboten. Und so sind die mehr als 30 000 Bezieher auch nicht sonderlich erstaunt, als es plötzlich heißt: Das Blatt ist eingestellt. Hinter dieser lapidaren Begründung verbirgt sich der vernichtende Schlag der Nazis gegen den von Karl Immer geleiteten Verlag.

Der Kirchenkampf nimmt an Härte zu

Die Gemeinde Gemarke sucht und findet schon bald neue Möglichkeiten, ihr wahres Christentum zu verbreiten. Wöchentlich wird jetzt eine Predigt gedruckt und unter den bekennenden Gemeindemitgliedern vertrieben. Doch auch das lässt die Gestapo nicht zu. Am 14. November wird Pastor Immer jegliche Herausgabe von Broschüren, Büchern und sonstigen Druckschriften untersagt, weil sie geeignet seien, die »öffentliche Sicherheit und Ordnung zu gefährden«. Bereits fünf Tage später nimmt das Gemarker Presbyterium zu den NS-Anwürfen gegen Pastor Immer Stellung. Ergebnis: Die Gemeindevertretung stellt sich einstimmig vor Pastor Immer. Der Kirchenkampf nimmt an Härte zu.

Natürlich: Es war das Rathaus Elberfeld

Die meisten Leser haben es gemerkt, die Fassade des in der Samstagausgabe abgebildeten Gebäudes stellte nicht das Rathaus Barmen, sondern das heutige Elberfelder Verwaltungshaus dar. Doch die Fahnen waren hier wie dort die gleichen.

NRZ vom 21.2.1968

Prompte Gestapo-Antwort: Druckereibesitzer wird enteignet (28)

Der Glaube ist in den Jahren des »Dritten Reiches« ein zweischneidiges Schwert. Glaubt man an die Verheißungen der »Deutschen Christen«, bleibt man unbehelligt. Doch schon der Glaube an das wahre Christentum kann gefährlich werden. Glaubt man dann zu allem Überfluss noch, die Nationalsozialisten ließen eine legale Opposition zu, ist man falsch informiert. Pastor Gauger, Leiter der protestantischen Schriftenmission in Wuppertal, kann ein Lied davon singen.

Pastor Gauger glaubte nämlich daran, dass auch NS-Größen zu ihrem Wort stehen. Denn im Vorwort zu seiner Broschüre »Protestantische Rompilger« hatte Alfred Rosenberg geschrieben, sachliche Kritik sei erwünscht. Gauger antwortete ihm und lässt die Antwort als Flugblatt in der Elberfelder Druckerei Köhler in einer Auflage von 200 000 Exemplaren vervielfältigen.

»Großzügige Enteigner«

Zur Verteilung kommt es allerdings nicht mehr: Die Gestapo schlägt blitzschnell zu. Die Flugblätter »verfallen« dem Staat, und der von Pastor Gauger herausgegebenen Wochenzeitung wird das Lebenslicht ausgeblasen. Die Strafe für den Drucker ist noch schärfer: Über Nacht wird er von den Nationalsozialisten enteignet. Doch da die Enteigner »großzügig« sind, darf Köhler als Hilfsarbeiter in seiner Druckerei weiterbeschäftigt werden.

Scharf geht die Gestapo auch gegen die Gemarker Pfarrer vor. Nach dem Schreibverbot wird Pastor Immer auch mit Redeverbot belegt. Und am 5. August 1937 wird er abgeholt. Gefängnis! Wie wichtig der Gestapo der neue Gefangene ist, zeigt die sofortige Überführung Pastor Immers in die Gestapozentrale am Berliner Alexanderplatz. Als man dem Barmer Bekenner eröffnet, dass er ins Gefängnis Moabit überführt werde, bekommt er einen Schlaganfall. Nur die Krankheit rettet ihn vor weiterer Haft: Schwerkrank wird er – nach einmonatigem Krankenhausaufenthalt in Berlin – nach Wuppertal entlassen.

»Wo ist Assmussen?«

Doch nicht nur er wird ein Opfer der Gestapo. Den Präses der Rheinischen Bekenntnissynode, Pastor Paul Humburg, ereilt das gleiche, von den Nazis vorgezeichnete, Schicksal. In der Nacht zu einem Junisonntag 1937 klingelt es gegen drei Uhr an Humburgs Haustür Sturm. Der Präses hatte sie schon lange erwartet. Und das der Berliner Pfarrer Assmussen ein Telegramm mit dem Text »Komme in Kürze nach Barmen« geschickt hatte, war den Spitzeln der Geheimen Staatspolizei natürlich nicht entgangen.

Was also kann die erste Frage der fünf Gestapovertreter vor der Haustür sein? »Wo ist Assmussen?« schallt es Pastor Humburg entgegen, als er nach etwa 20 Minuten – zwischendurch hatte er seine ganze Familie sich anziehen

ür die Glieder der evangelisch-
nierten Gemeinde Elberfeld.

Brief an die Glieder unserer Gemeinde.

Von Pastor D. Hesse, Pastor Lic. H. Klugkist Hesse und Pastor Lesser

[...]

Elberfeld, den 25. Januar 1937.

Pastor D. Hesse
Pastor Lic. H. Klugkist Hesse
Pastor Lesser.

(Vorliegendes Schreiben der drei Pastoren hat das Presbyterium seiner Sitzung am 25. Januar 1937 als Antwort auf den „Gemeindebrief" bestimmt.)

Einen verzweifelten Kampf führen in Elberfel[d] bekennenden Pastoren D. Hermann Hesse, Klugkist Hesse und Lesser gegen die »Deuts[chen] Christen«. Nach dem Kanzelverbot werden Angehörigen der Bekennenden Kirchen a[uch] die Konfirmanden entzogen. Die drei Past[oren] antworteten darauf mit einem vierseitigen Flug[blatt] (hier Ausschnitte) an alle Gemeindemitglie[der] Reproduktion NRZ

und auf den Flur kommen lassen – die Tür öffnet. »Guten Morgen«, antwortet Humburg erst einmal. Und die beiden Kinder lassen ihr in der Schule eingepauktes »Heil Hitler« ertönen.

Doch schöne Worte helfen nichts: Vater Humburg wird verhaftet, die Familie erhält Hausarrest und die Wohnung bleibt besetzt. In Richtung Elberfeld fährt das Auto mit Pastor Humburg ab. Jetzt ist guter Rat teuer. Um zehn Uhr soll Pastor Humburg in der Gemarker Kirche predigen. Wie soll die Gemeinde benachrichtigt werden?

Pastor wird im Landhaus versteckt

Sohn Manfred, der noch 1933 stolz seinem Vater berichtet hatte: »Ich bin ein Nazi«, kommt die rettende Idee. Jeden Sonntagmorgen vor dem Gottesdienst geht Kirchmeister Karl Frowein am Humburg-Haus vorbei. Mit dem Spiegel wird ein Blick auf ein Zimmer des Hauses gelockt. Und plötzlich fliegt ein Stein mit einem kleinen Zettel vor des Kirchmeisters Füße. Er begreift, hebt das Wurfgeschoss auf und geht ruhigen Schrittes weiter. An der nächsten Ecke liest er: »Vater ist verhaftet!«

Die Kirche ist gegen zehn Uhr mit 1800 Personen vollbesetzt, als Kirchmeister Frowein die Nachricht verkündet. Wie ein Lauffeuer breitet sich die Nachricht in wenigen Stunden in Wuppertal aus. Um größere Proteste zu vermeiden, lassen die Nazis den Präses am Montagmorgen wieder frei.

Doch ihr eigentliches Ziel, Pastor Assmussen auf die Spur zu kommen, haben die »Geheimen« nicht erreicht. Sie können ja nicht ahnen, dass auch die Kirchenmänner auf Draht sind. Am Bahnhof Barmen wurde der Berliner Gast sofort in den Wagen des Gemarkemitglieds Plutte gepackt und in dessen Landhaus im Oberbergischen transportiert, wo er vorerst vor den Zugriffen geschützt ist.

»Das kann zehn Jahre dauern, da kräht doch kein Hahn nach ...« (29)

Sie haben es schwer, die Vikare und Hilfsprediger, die den Schritt zur Bekennenden Kirche wagen. Ihre Ausbildung, ihre theologischen Prüfungen vollziehen sie unter Ausschluss der nationalsozialistischen Öffentlichkeit und die Chance, einmal zum »legalen« Pfarrer zu avancieren, ist nur gering. Das Konsistorium, das durch den Hitler-Staat kontrollierte Kirchenamt in Koblenz, verlangt, dass die angehenden Pfarrer sich seinen Prüfungen unterwerfen. Ein »Nein« der jungen Brüder bedeutet, dass sie sich finanziell mit einem Minimum an Reichsmark, Spenden der Bekennenden Kirche, begnügen müssen.

Die Antwort des Präses der rheinischen Bekenntnissynoden, Paul Humburg, auf die Frage, was ihn in diesen Jahren am meisten bedrücke, lässt dieses Los der »Jungen« deutlich werden: Die schwersten Wege seien die zu den Schwiegereltern von Examenskandidaten. Ihnen begreiflich zu machen, warum ihre künftigen Schwiegersöhne dieses »Kreuz« zu tragen hätten, sei wohl das schwierigste Problem!

Einer dieser jungen Brüder heißt Harry Weisberg und ist Hilfs-Prediger in der Elberfelder Friedhofskirche. Er hat sich bereits frühzeitig dem Kreis um das Pfarrergespann Hesse und Pastor Lesser angeschlossen. Mit anderen Jung-Theologen hockt er oft in der Friedhofskapelle an der Hugostraße.

Schriften von Karl Barth

Die jungen Leute diskutieren hier die mit Diplomatenpost aus der Schweiz beförderten Schriften Karl Barths oder die oppositionellen

»Grünen Blätter« des Essener Pfarrers Held. Bis die Gestapo den friedlichen, aber anti-nationalsozialistischen Diskutantenkreis auffliegen lässt.

Das geheime Auge der Staatssicherheit überwacht von dieser Zeit an jeden Schritt des Hilfspredigers. Und als Weisberg im Frühjahr 1939 mit seiner BMW zu Kurierdiensten nach Düsseldorf fährt, greift die Gestapohand zu.

Kurierfahrt

Der junge Mann wird in die Von-der-Heydt-Gasse transportiert; das Motorrad beschlagnahmt. »Wie lange wollen sie mich hier festhalten?« protestiert der junge Mann. Doch ihm wird nur lakonisch geantwortet: »Das kann zehn Jahre dauern, da kräht kein Hahn nach ...«

Eine Verlobung im Polizeigefängnis

Weisberg wird dem Richter vorgeführt und von hier der Gestapo »abgetreten«. Die nimmt ihn »zu seiner eigenen Sicherheit« in Schutzhaft. Seine Freundin, eine Tochter D. Hermann Hesses, spendet ihm bei Gefängnisbesuchen Trost.

Trennung von Harry

Und bei einem dieser Besuche bringt sie Blumen und, klein und fein verpackt, zwei Ringe mit. Den Gefängnisbeamten beschleicht eine Ahnung; er zieht sich für kurze Zeit aus dem »Sprechzimmer« zurück. So wird in kurzer Zeit aus dem »Schutzhäftling« Weisberg und der Tochter des oppositionellen Pastors D. Hesse ein Brautpaar. Nach wenigen Minuten ertönt das obligatorische »Die Besuchszeit ist zu Ende« und die Braut wird – mit den Blumen – von ihrem Harry getrennt.

Im Gefängnis trifft Weisberg einen alten Bekannten wieder: Pastor Lesser, der schon einige Wochen eingesperrt ist. Mit ihm, katholischen und kommunistischen Häftlingen, mit Zigeunern und Juden erlebt er das Weihnachtsfest »im Bau«. Die Beamten zeigen Herz: alle Gefangenen dürfen sich um den strahlenden Tannenbaum, um das Licht in der Finsternis, versammeln. Während draußen die Zeitungen gefühlvoll von der »Kriegsweihnacht der deutschen Helden im Felde« berichten.

Fotos, aufgenommen für das Staatsfeindealbum des »Dritten Reiches«. Von einem Beamten des Polizeigefängnisses in der Von-der-Heydt-Gasse erhielt der Elberfelder Hilfsprediger Harry Weisberg (heute Pfarrer in Gelsenkirchen) diese Aufnahmen. NRZ-Foto: Gerd Hensel

---

Hohe Strafen für die Anarchisten

Im Sommer 1937 findet in Duisburg ein großer Prozeß gegen westdeutsche Anarchisten statt. Unter den 95 Angeklagten befinden sich auch eine Reihe Wuppertaler.

Ihnen wird vorgeworfen, im Deutschen Reich eine Räterepublik errichten zu wollen, für die politischen Gefangenen und für die Unterstützung der spanischen Republikaner gesammelt und außerdem einen Fluchtweg ins Ausland organisiert zu haben.

Harte Strafen treffen auch die Wuppertaler Angeklagten: Hans S. 12 Jahre Zuchthaus, Johann Baptist Steinacker (»Hermann«) 10 Jahre Zuchthaus, Walter Tacken und August B. je vier Jahre Zuchthaus.

Walter Tacken stirbt 1937 an den Folgen der Haft, und der 73jährige J.B. Steinacker wird 1944 im Vernichtungslager Mauthausen umgebracht.

NRZ vom 23.2.1968

Sozialist Ewald Funke: Er stirbt für eine bessere Zukunft (30)

Elberfelds bekennende Pfarrer werden von den Nationalsozialisten isoliert. Sie treten nicht für einen deutschen Glauben ein, sie verwerfen die »Christenfibel« des Wuppertaler »Deutschen Christen« Fritz Beckmann; deshalb steht es für die Mächtigen im »Dritten Reich« fest: Die Bekenner sind »Männer mit irrendem Gewissen!« Und solchen kann man die Kirche nicht mehr zur Verfügung stellen. Also Kirchenverbot für die Hesses, Pastor Lesser und deren bekennenden Anhang. Doch Gottes Wort lassen die sich nicht verbieten: Sie predigen im Gemeindehaus auf der Alemannenstraße, im Jugendhaus an der Bergstraße und in den Räumen der Freimaurerloge. Nicht im Talar, sondern im schlichten Anzug.

Doch während im Tal der Wupper um Kirchenräume gekämpft wird, ist in Berlin der Kampf um ein Menschenleben bereits beendet. Der Volksgerichtshof hat am 16. August 1937 ein hartes, sein härtestes Urteil gesprochen: Todesstrafe gegen den erst 32jährigen Wuppertaler Ewald Funke. Was sind seine Vergehen? Der 1905 in Remscheid geborene Ewald Funke hat sich bewusst auf die Seite der Unterdrückten, auf die Seite der Hitlergegner gestellt.

Seit 1919 engagiert

Bereits 1919 engagiert sich der junge Funke in der sozialistischen Jugendbewegung. Er gehört bald der Gauleitung der Jungsozialisten an. Der Bruch der Sozialistischen Arbeiterjugend in Wuppertal geht auch an ihm nicht vorbei. Gemeinsam mit seinen Brüdern Kurt und Otto und rund 100 weiteren jungen Sozialisten wechselt er die Partei und gehört bald dem Unterbezirksvorstand der KPD an.

Seine Freunde schätzen ihn wegen seiner Toleranz und seines umfassenden Wissens. In den wenigen stillen Stunden, die ihm bei seiner politischen Arbeit noch bleiben, »büffelt« er volkswirtschaftliche Fragen. In der Wuppertaler Volkshochschule referiert er darüber.

Deckname »Heinz«

Deshalb ist es klar, dass die Nazis ihn nach der Machtübernahme nicht mit ihrer »Schutzhaft« verschonen. Wie Brüder und Vater

erlebt er die Kemna. Und wie so viele wirkt er auch nach seiner Entlassung illegal weiter gegen den nationalsozialistischen Staat. Als »Heinz« setzt er sich in vielen Städten des Rheinlandes für ein Zusammengehen der Sozialdemokraten und Kommunisten gegen den gemeinsamen Feind von rechts ein. Auch die geheime Anlaufstelle in der Barmer Rödigerstraße, von der aus prominente und gefährdete Widerstandskämpfer ins Ausland gelangen (z. B. Wilhelm Pieck), geht auf sein Konto.

Ewald Funke, Elberfelder Widerstandskämpfer, stirbt unter dem Fallbeil.
NRZ-Foto: Gerd Hensel

Als der Wuppertaler Boden für den jungen Funke zu heiß wird, geht er nach Amsterdam und von dort nach Moskau. Auf einer Schule in Kutschino (30 Kilometer östlich von Moskau) wird Ewald Funke auf eine neue Aufgabe im NS-Deutschland vorbereitet. 1936 reist er wieder in das Deutsche Reich ein.

Er wird verraten

Doch die Gestapo-Spitzel sind stärker. Er wird verraten und Mitte Mai in Stuttgart verhaftet. In Wuppertal stellt die Gestapo ihn in der Von-der-Heydt-Gasse zahlreichen ehemaligen Freunden gegenüber. Doch trotz unmenschlicher Behandlung verrät er keinen. Da steckt die Gestapo den schweig- und standhaften Wuppertaler ins Konzentrationslager Dachau. Bis er vor den Volksgerichtshof geschleppt wird.

»Via mala« soll ihm Trost spenden

Er verliert die Haltung nicht, als er das Urteil hört. Er glaubt an das, was sein Bruder Otto den Richtern beim Wuppertaler Gewerkschaftsprozess entgegengeschleudert hat: »Ihr seid wohl verrückt geworden mit eurem Urteil. In vier Jahren sitzt ihr nicht mehr da. Dann sitzen wir da!« Ein Gnadengesuch einzureichen, lehnt er ab.

Brief an den »Führer«

Seine Eltern und auch sein Vetter Emil kämpfen derweil um ihren Ewald. Sie schreiben an den »Führer«, an die Parteidienststellen und auch an Hitlers Freundin Winifred Wagner. Fehlanzeigen! Als der Hinrichtungstermin feststeht, reisen die Mutter und Vetter Emil noch einmal nach Plötzensee.

Hochverräter hingerichtet

Ein Feind seines Volkes
im Dienst der Komintern

Der vom Volksgerichtshof am 16. August 1937 wegen Vorbereitung eines hochverräterischen Unternehmens zum Tode und zu dauerndem Ehrverlust verurteilte 32jährige Ewald Funke aus Wuppertal-Elberfeld, ist am Freitagmorgen hingerichtet worden.

»Hochverräter hingerichtet«, melden die NS-Zeitungen Anfang März 1938 einheitlich. Über das wirkliche Wollen Ewald Funkes schreiben sie keine Zeile. Reproduktion: Gerd Hensel

Bleich, aber aufrecht tritt er aus der Zelle. Man darf sich nicht viel sagen. Doch seinen Augen sieht man es an: Die Blume auf der Fensterbank spendet ihm Trost. Trost spenden

121

soll ihm auch das Buch »Via mala«, das ihm der Vetter mitgebracht hat.

Doch es ist ein schmerzhafter Trost. Am 3. März 1938 wird er
in die kleine, nur notdürftig beleuchtete Zelle für die Todeskan-
didaten geführt. Und in den frühen Morgenstunden kommt ein
alter Mann, fesselt ihm die Hände auf den Rücken, und tauscht
seine Schuhe gegen die vorgeschriebenen Holzpantoffel aus. Die
Guillotine spricht eine Stunde später das letzte Wort: Der Hitlergegner Ewald Funke stirbt für eine bessere Zukunft.

NRZ vom 24.2.1968

Der »wunde Punkt« ruft an: Morgen kommt wieder Besuch (31)

Die Front der Wuppertaler Hitlergegner ist nach den sogenannten Gewerkschaftsprozessen stark dezimiert. Die anfängliche Vorstellung, Hitler und seine NSDAP werde sich schnell abwirtschaften, ist einer bitteren Realität gewichen. Und es kommt nicht oft vor, dass das Fähnlein der Oppositionellen Verstärkung von außen bekommt. Nur hin und wieder wird ein Vertreter des »Anderen Deutschlands« in die Stadt an der Wupper verschlagen. Einer der wenigen ist Willi Goeke.

Der 1903 geborene Westfale ist Sozialdemokrat. In der Bergarbeitersiedlung Bockum-Hövel wirkt er als Lehrer an der »Freien Schule« und gleichzeitig in den Ortsgremien der Sozialdemokratischen Partei. Mit Nazis haben die Bergarbeiter in ihrem Dorf nichts gemein. Die Größen des politischen Spiels stellen Reichsbanner und Rotfront, SPD und KPD.

Doch auch hier werden mit der »Machtergreifung« die Braunen nach oben gespült. Plötzlich sind sie da, geben den Ton an und machen mit den »Linken« in den Behörden und Schulen kurzen Prozess. Auch mit Willi Goeke, den sie am 21. Juni 1933 in der Schule verhaften. Doch ihn, der in allen Menschen – auch im politischen Gegner – immer zuerst den Menschen sieht, müssen sie bald wieder freilassen.

1934 zweite Verhaftung

Doch nicht für immer. 1934 holen sie ihn wieder ab. Nicht nur ihn. Weitere 56 Sozialdemokraten landen bei dieser Verhaftungswelle in der Dortmunder Steinwache, von den Häftlingen

123

nur »Hotel zum blutigen Knochen« genannt. Entsprechend ist auch die Behandlung. Das Gericht diktiert dem jungen Blondschopf ein Jahr und neun Monate Zuchthaus zu.

Goeke muss sie absitzen. In der Zelle hat er genug Zeit, über die Zukunft nachzugrübeln. Was wird seine Frau machen? Und was sein Sohn Knulp? Und wird er nach seiner Entlassung Arbeit finden? Er weiß, dass das »Dritte Reich« mit »Staatsfeinden« nicht pingelig ist. Deshalb hat er Glück, dass er im »Kahn« Gerd Hennig kennenlernt.

Als »Gegner des Systems« findet er (und andere) bei der Firma Dr. Kurt Herberts Unterschlupf und Arbeit: Willi Goeke. NRZ-Foto: Gerd Hensel

Diesem haben die Nazis zwei Jahre aufgebrummt, weil er eine Reichsmark für illegale Materialien gespendet hatte. Über Hennigs Bruder werden die ersten Kontakte zur Wuppertaler Lackfirma Dr. Kurt Herberts geknüpft.

Und als Goeke sich in Wuppertal vorstellt, nach seiner bisherigen Tätigkeit gefragt wird und dabei zu erkennen gibt, wie er zum NS-Staat steht, ist er schon eingestellt. Schon bald stellt Goeke fest, dass er im Betrieb nicht der einzige politisch Andersdenkende ist. Rassisch Verfolgte, gemaßregelte Künstler (zum Bei-

Illegale Materialien des nach Prag emigrierten SPD-Vorstandes. Die Zeitung »Neuer Vorwärt«« wird per Post und Kurier ins Deutsche Reich eingeschleust. Reproduktion: Gerd Hensel

spiel Baumeister, Schlemmer und Radtke) und »Politische« finden hier Unterschlupf. Die Firma scheut sich auch nicht, den ehemaligen kommunistischen Ratsvertreter Löhde einzustellen.

Über 30 solcher Menschen finden sich hier zusammen, die bewusst dem Widerstand angehören. Nicht einmal, mehrmals muss die Firmenleitung warnen, die »Antikontakte« nicht zu eng zu gestalten. Doch der Widerstand klappt. Verschiedentlich bemüht sich die Gestapo, die bei Herberts beschäftigten Halb- und Volljuden in den Griff zu bekommen. Stets vergebens. Denn Goeke hat in der Gestapo-Zentrale einen wunden Punkt in Gestalt eines jungen Gestapo-Beamten ausgemacht. Der warnt die Gruppe jeweils einen Tag vorm »Besuch«.

»Der Verhaftete ist doch verrückt«

Eines Tages kommt Unruhe unter die bei der Firma beschäftigten Fremdarbeiter aus Frankreich. Sie wollen in die Heimat zurück. Im Waschraum kommt es zum Knall. Einem jungen Deutschen platzt der Kragen. Laut und für alle vernehmlich ruft er: »Hitler ist der größte Mörder alle Zeiten!« Es dauert nur Minuten, dann holt ihn die Gestapo ab. Und sie geht nicht zärtlich mit ihm um.

Schon Testament gemacht

Bei Herberts wird derweil beratschlagt, wie man den jungen Mann aus den Klauen der »Geheimen« herauslösen kann. Bis sich Betriebsarzt Dr. St. opfert. Er zieht den weißen Kittel aus und fährt zum Präsidium. »Der Verhaftete ist verrückt. Ich habe schon früher Paragraph 51 bei ihm festgestellt«, bindet er den Gestapo-Leuten auf. Er hat Glück. Die Staatspolizei glaubt ihm und lässt den jungen Mann los. Dem rollen später in der Firma die Tränen über die Wangen: »Ich hatte schon mein Testament gemacht!«

Verbindungen zu Wuppertaler Sozialdemokraten findet Goeke nur spärlich. Mit Alfred Dobbert und dem Sozialdemokraten Fuchs kommt er ins Gespräch. Nicht jedoch zu festeren Bindungen. Dafür ist die Spitzelgefahr für beide Seiten zu groß. Auf die Kontakte zur Sozialdemokratie braucht er allerdings nicht zu verzichten: Bei seinen Freunden in Unna, bei Hubert Biermann (nach 1945 NRW-Minister) und dem SPD-Genossen Bergmann (später Oberkreisdirektor) findet er stets eine offene Tür.

»Sie werden nicht erleben, dass ich winsele ...« (32)

Es muss schon etwas Besonderes geschehen sein, wenn Protestanten, sozialistisch Orientierte und Konfessionslose aus allen Wuppertaler Stadtteilen sonntags zur Pfarre St. Laurentius in Elberfeld fahren, um dort die Predigt eines katholischen Kaplans zu hören. Und es muss etwas auf sich haben, dass die Wuppertaler Gestapo unruhig wird, sobald der Name Hans Carls fällt.

Nach dem 22. Juli 1933, dem Tag des Konkordatsabschlusses zwischen dem Heiligen Stuhl und dem Hitlerregime, sind viele Katholiken auf die Marschrichtung des faschistischen Staates eingeschworen. Aber was bei den Protestanten in der Bewegung »Bekennende Kirche« seinen Niederschlag findet, macht auch vor den Katholiken nicht halt. Viele Priester nutzen das Wort von der Kanzel zur Anklage gegen ein unmenschliches Regime.

Gestapo unter Kirchgängern

Zu den Gegnern des Faschismus gehört auch Caritas-Direktor Carls, dessen Organisation nach 1933 von den Nazis aufgelöst wird und der seitdem als Prediger durch ganz Deutschland zieht. Mutig verkündigt er von der Kanzel gegen die Irrlehren der braunen Herren. Und sein Wort wird gehört; es hat Gewicht, nicht nur in den Kreisen der katholischen Bevölkerung.

Meist sitzt die Gestapo unter den Kirchgängern und stenografiert mit. Der Geistliche mit dem großen rhetorischen Talent und der scharfen Zunge wird streng überwacht. So wundert es Hans Carls nicht, dass bei ihm ständig die Wohnung durchsucht wird. Ein Gestapo-Beamter, der den Prediger vernimmt, sagt ihm: »Es kommt nicht darauf an, was Sie gesagt haben, sondern nur, wie der Zuhörer es auffasst.«

Nur ein Einzelgänger

Die ständig vollen Gotteshäuser zeigen dem Kaplan, dass er richtig verstanden wird. Dennoch bleibt er unter seinen Glaubensbrüdern ein Einzelgänger. Es gibt kaum einen organisierten Widerstand katholischer Geistlicher, denn die meisten fühlen sich an das Konkordat gebunden. Selbst der »Löwe von Münster«, Bischof von Galen, der wegen seiner berühmt gewordenen »Euthanasie-Predigt« Einlass in die Reihen der Hitler-Gegner gefunden hat, stimmt in vielen Dingen mit der von den Nazis praktizierten Politik überein.

42 Tage und Nächte wartet er im Lager auf die Vollstreckung des Todesurteils: Wuppertals Caritas-Direktor Hans Carls. Foto: NRZ

Zur gleichen Zeit, da der münstersche Bischof im Jahre 1941 von der Kanzel gegen die Euthanasie (Vernichtung des sogenannten »unwerten« Lebens) wettert, wird Hans Carls Redeverbot für das »Großdeutsche Reich« auferlegt. Nur in Wuppertal darf er noch wirken. Seine Tätigkeit gegen die braunen Machthaber beschränkt sich indes nicht aufs Reden.

Praktische Nächstenliebe

Der Mann, der die Nächstenliebe in praktische Tat umzusetzen pflegt, hilft den bedrängten Juden ins sichere Ausland und lässt Predigten des Bischofs von Münster verteilen. Der Gestapo bleibt diese subversive Arbeit natürlich nicht verborgen. Im November des 2. Kriegsjahres, 1941, wird der mutige Prediger verhaftet.

In den ersten Jahren der nationalsozialistischen Herrschaft werden die »Rundbriefe katholischer Antifaschisten« auch in der Stadt im Tal vertrieben. Doch die »Staats- schutzorgane« legen den mutigen Katholiken, zumeist Angehörige der katholischen Jugend, bald ihr illegales Handwerk. Es hagelt harte Strafen. Reproduktion NRZ

Carls: Ich stehe Ihnen zur Verfügung

Diesmal ist es keine von jenen Routine-Vernehmungen, an die sich Hans Carls in acht Jahren Naziherrschaft schon gewöhnt hat. Man macht ihm den Prozess. Das Urteil schockiert jeden, der diesen Mann kennt: Er wird zum Tode verurteilt und ins Lager Dachau eingeliefert. 42 Tage und Nächte wartet der Priester auf die Vollstreckung. Dann wird er ins Lager zurückgeschickt. Doch zuvor sagt er den Gestapo-Männern, die ihn zum sechsten Mal vernehmen, was er denkt: »Ich stehe Ihnen zur Verfügung. Sie können mich erschießen oder hängen lassen. Eins werden Sie nicht erleben, dass ich winsele oder um Gnade bitte oder heule wie ein Weib ...«

Das Unfassbare geschieht. Das Todesurteil an Hans Carls wird nicht vollstreckt. Bis zum Tage der Kapitulation der Nazis erlebt der Seelsorger die ganze Schrecklichkeit des Wortes: die Hölle von Dachau. Doch er ist nicht der einzige Gefangene aus Wuppertal. Hier trifft er alte Bekannte, wie er Gegner des nationalsozialistischen Unrechtsstaates.

NRZ vom 28.2.1968

Helmut Hesse: In der Not gehören alle Mann an Deck! (33)

Es hagelt Verbote und Verfügungen. Die Nationalsozialisten und deren Gestapo-Truppe wollen der bekennenden Kirche ihr oppositionelles Rückgrat brechen. Wenige Tage vor Ausbruch des zweiten Weltkrieges werden der Heckinghauser Kirchsaal und das Gemeindehaus im Klingelholl beschlagnahmt und mit Soldaten belegt, wird die Versendung »konfessioneller Schriften« an Wehrmachtsangehörige verboten, erhält der 1937 zur Gemarke gestoßene Pastor Steiner wegen »zersetzender Tätigkeit« Redeverbot für das Deutsche Reich und im März 1941 fordern plötzlich die »Nationalen Christen«, dass keine Konfirmationen an Tagen, in denen das Jungvolk in die Hitlerjugend überführt werde, stattfinden dürfen.

Doch es kommt noch schlimmer: 1941 wird der Himmelfahrtstag zum Arbeitstag erklärt. Gottesdienste werden untersagt. Vor der Gemarke-Kirche bauen die Nationalsozialisten Polizisten auf, die darüber wachen sollen, dass niemand die Kirche betritt. Und vor dem Totensonntag 1942 teilt die NS-Gauleitung den Pastoren mit, dass sie nicht wünsche, dass im Gottesdienst die Namen von Gefallenen verlesen würden. Am schlimmsten aber reagiert die braune Staatsgewalt, wenn sich die Kirchendiener mit den verfolgten jüdischen Mitbürgern solidarisch erklären und ihnen in ihrer Isolierung beistehen.

Einer von diesen mutigen Pastoren ist Helmut Hesse, ein Sohn des Elberfelder Bekenntnispfarrers D. Hermann Hesse. Schon Helmuts Entschluss, 1935 Theologie zu studieren – er hat eine große technisch-physikalische Begabung – ist ein Protest gegen

den aufkommenden Nationalsozialismus. »In der Not gehören alle Mann an Deck«, be-
gründete er seinen Entschluss.
Wie die anderen jungen Brüder
vollzieht sich seine Pfarrerprü-
fung heimlich. Das Presbyterium erklärt sich aber bereit, den
künftigen Pfarrer in den Dienst
zu stellen.

Kontakt zu Probst Grüber

Die Wurzel seines religiösen
Handelns liegt – wie bei seinem
Vater – in der »Bekennenden
Kirche«. Es ist deshalb nicht
verwunderlich, dass sich der
junge, kaum über 20 Jahre alte

In vielen evangelischen Pfarrhäusern hängen
ab 1938 Bilder eines jungen Berliner Pastors,
den die Nationalsozialisten ebenfalls in das KZ
Dachau eingeliefert haben: Martin Niemöller.
Mit seiner Verhaftung versuchen die Nazis
den Widerstandswillen der »Bekennenden« zu
lähmen. Doch ohne Erfolg.
Foto: NRZ

Helmut mit aller Kraft gegen die Unmenschlichkeiten des Re-
gimes stellt, nicht nur dagegen predigt, sondern auch dagegen
handelt. Er unterstützt die Hilfsaktionen des Elberfelder Pfarrers
Ziegler für die verfolgten Kommunisten und Juden, er findet
Kontakt zum Berliner Widerstandskreis um Probst Grüber und
hat natürlich Verbindungen zu Karl Barth in Basel.

Strafe Gottes?

Die Gestapo ist im Hause Hesse ständiger Gast. Männer, die
wie die Hesses derartig »vorbelastet« sind, genießen den Vorzug
ständiger Überwachung. So sind die Geheimen auch dabei, als D.
Hermann Hesse im Juni 1943 nach dem schweren Bombenangriff
auf Barmen seine Gemeinde fragt, ob dies wohl die Strafe Gottes
für das fromme Wuppertal sei. Erschwerend kommt hinzu, dass

sich Vater und Sohn nachmittags zu einer Veranstaltung treffen, die sich für die bedrängten Juden Wuppertals einsetzt.

Himmler befiehlt: Hesses nach Dachau

Am nächsten Tag sind beide keine freien Männer mehr. Die Gestapo kommt zum letzten Mal. »Belastendes« Material wird beschlagnahmt und Vater und Sohn ins Gefängnis in Barmen eingeliefert.

Lagernachbar: Niemöller

SS-Chef Heinrich Himmler selbst verfügt aus Berlin, dass die beiden evangelischen Kirchenmänner ins Konzentrationslager Dachau überführt werden, wo man schon Caritasdirektor Carls und auch den Berliner Pastor Martin Niemöller in »Schutzhaft« hält.

Hermann Hesse überlebt die Lagerhölle des bayrischen Städtchens. Helmut aber sieht nur zehn Tage lang die Leiden seiner Mithäftlinge. Dann stirbt er, der an einem Gehirntumor leidet und den die Nazis durch die lange Haft und den Entzug der notwendigen Medikamente völlig geschwächt haben, im Krankenrevier des Lagers. Eine tödliche Spritze bereitete dem jungen Theologen, dem mit 27 Jahren jüngsten Blutopfer der Bekennenden Kirche, das Ende.

Für demokratische Regierung vorgesehen: Bernhard Letterhaus (34)

Im Februar 1940 flieht ein junger Mann durch die eiskalten Fluten des Rheins nach Holland. Er heißt Benjamin Gauger und will sich mit diesem gefährlichen und abenteuerlichen Unternehmen dem Wehrdienst in Hitlerdeutschland entziehen. Benjamin Gauger, Justitiar der evangelischen »Bekennenden Kirche« und Sohn des bekannten Wuppertaler Pfarrers Gauger (siehe Serie Nr. 28), ist jedoch auch nach dieser Flucht nicht in Sicherheit. Wenige Monate später marschieren die deutschen Truppen in Holland ein.

Mit der Wehrmacht kommen Gestapo und SS. Gauger wird verhaftet und bei einem Fluchtversuch schwer verletzt. In einem Düsseldorfer Gefängnislazarett wird der Wuppertaler gepflegt. Doch als er gesund ist, kommt er nicht vor ein Gericht. Die SS hält ihn in ihrem Griff. Und dieser unbarmherzige Griff bringt ihn ins Konzentrationslager Buchenwald, später auf einen Transport. Kurze Zeit danach erhalten die Eltern in Wuppertal die Todesnachricht. Man nimmt an, dass Benjamin Gauger in Auschwitz vergast worden ist.

Überzeugter Katholik

Etwa zur gleichen Zeit sitzt in der Nachrichtenzentrale des Oberkommandos der Wehrmacht (OKW) ein Mann, der täglich sein Leben riskiert. Er wird später zu den Prominenten des Widerstandes gehören: Bernhard Letterhaus. Dass er aus Wuppertal stammt, hat man darüber fast vergessen. Dabei hat er sogar einen für die Wupperstadt typischen Beruf: Er ist Bandwirker. Der überzeugte

Katholik ist seit 1919 in der christlichen Textilarbeitergewerkschaft und in der Katholischen Arbeiterbewegung(KAB) tätig.

Warnung vor brauner Gefahr

Seine Freunde schildern ihn als weitblickenden Denker, der sich mit Elan für seine Sache einzusetzen weiß. Bernhard Letterhaus gehört zu den wenigen Katholiken, die – entgegen der allgemeinen Auffassung, die braune Gefahr für akuter halten, als es der roten nachgesagt wird.

Die Widerstandskämpfer des 20. Juli 1944 hatten den Wuppertaler Bernhard Letterhaus als Mitglied der neuen demokratischen Regierung ausersehen. Doch für ihn, den christlichen Gewerkschaftler, ging diese Aufgabe nicht mehr in Erfüllung.
Foto: NRZ

Schon 1931, als der Wuppertaler als 1. Vizepräsident des Katholikentages in Münster spricht, warnt er vor dem Mann aus Braunau, dessen Horden zu dieser Zeit bereits die Straßen unsicher machen: »Wenn es diesem Demagogen gelingen sollte, einmal an der Spitze Deutschlands zu stehen, dann ist der Anfang des Unterganges da und auch ein neuer Krieg. Wir müssen uns dem entgegenstemmen, wo immer es sein mag.«

Als Mitglied der Zentrumspartei und Abgeordneter im preußischen Landtag bekommt Letterhaus die wahren Absichten der Nazis frühzeitig und deutlich zu spüren. Und gerade deshalb kann ihn auch die Machtübernahme Hitlers und seiner Gefolgschaft nicht daran hindern, die Hände in den Schoß zu legen.

Gegen Versöhnung mit NSDAP

Letterhaus achtet sein Leben geringer als das Wohl seiner Mitmenschen. Ununterbrochen wirkt er in den Reihen seiner Freunde, um über den wahren Charakter der Nazis aufzuklären. Er argumentiert gegen die Tendenzen zur »Versöhnung mit der NSDAP«, die viele Katholiken wegen des angeblichen »linken« Feindes mit der Rechten schließen wollen.

Verrat gegen Krieg und Terror

In Köln hat der Wuppertaler im Kettelerhaus viele Gleichgesinnte gefunden. Dort bildet sich ein Art Zentrum des Widerstandes. Bernhard Letterhaus hält auch im Ausland Kontakt zu internationalen Arbeiterorganisationen. Der Gestapo ist aber jede Art Kontakte über die Grenzen des Reiches hinweg suspekt. Und so lernt Letterhaus auch gleich zu Beginn der Naziherrschaft die Gründlichkeit und Penetranz der Geheimen Staatspolizei kennen.

Als Hitler 1939 Polen überfällt und damit der zweite Weltkrieg beginnt, wird Letterhaus Offizier.

Drei Jahre später kommt er in die Nachrichtenabteilung des Oberkommandos der Wehrmacht. In Berlin findet Letterhaus die Verbindung zu den Leuten, die später zu den Männern des 20. Juli 1944 gezählt werden sollten.

Er verbindet und verbündet sich mit ihnen gegen das Regime, das nur mit Krieg und Terror regieren kann. Letterhaus schleust geheime Nachrichten aus seiner Abteilung heraus und seinen politischen Freunden in die Hände. Nach dem missglückten Attentat steht auch er im Volksgerichtshof vor dem zynischen Freisler. Das Todesurteil wird am 13. November 1944 gesprochen und einen Tag später vollzogen. Das Fallbeil der Hinrichtungsstätte Plötzensee enthauptet den gerade 50jährigen Katholiken aus Wuppertal.

Dachau und die zehn kleinen Meckerlein

Weite Verbreitung findet in den Widerstandskreisen des »Dritten Reiches« die Umdichtung des Kinderliedes »Zehn kleine Negerlein«. Handschriftlich oder vervielfältigt gehen die Worte von Hand zu Hand:

Zehn kleine Meckerlein,
Die tranken einmal Wein.
Das eine hat zuviel getrunken,
Da waren's nur noch neun.
Neun kleine Meckerlein,
Die haben mal gedacht.
Das eine hat zu laut gedacht,
Da waren's nur noch acht.
Acht kleine Meckerlein,
Haben mal geschrieben.
Das eine schrieb die Wahrheit hin,
Da waren's nur noch sieben.
Sieben kleine Meckerlein,
Die fragte man: »Wie schmeckt's?«
Das eine sagte: »Schlangenfraß!«
Da waren's nur noch sechs.
Sechs kleine Meckerlein,
Die trafen einen Pimpf.
Das eine sprach: »Du Lausekopf!«
Da waren's nur noch fünf.
Fünf kleine Meckerlein,
Die spielten mal Klavier.
Das eine spielte Mendelssohn,
Da waren's nur noch vier.
Vier kleine Meckerlein,

Die sprachen über'n Ley.
Das eine macht 'nen Witz dabei,
Da waren's nur noch drei.
Drei kleine Meckerlein,
Die gingen zur Partei.
Das eine wollte sich beschwer'n,
Da waren's nur noch zwei.
Zwei kleine Meckerlein,
Die hörten Radio.
Das eine stellt das Ausland ein,
Da kam die Gestapo.
Ein kleines Meckerlein,
Das ward nicht mehr gesehn.
Und als es auch nach Dachau kam,
Das ward nicht mehr geseh'n.

Nationalsozialisten-Argument gegen Kommunisten: Fallbeil (35)

Was Bernhard Letterhaus dem katholischen Widerstand bedeutet, sind Robert Stamm und Otto Kropp dem kommunistischen. Beide Männer sind in Wuppertal aufgewachsen, beide sind noch jung. Und beide stehen seit dem 30. Januar 1933, dem Tag der »nationalen Erhebung« in der ersten Reihe des politischen Widerstandes. Zwar sind sie aus der Stadt im Tal in andere deutsche Städte »übergewechselt«, doch ihre Namen sind in Arbeiterkreisen an den Ufern der Wupper geläufig und in Wuppertal wurden auch die Grundlagen für ihren Kampf gegen Hitler, sein Regime und dessen Unrechtstaten gelegt.

Otto Kropp ist genau 30 Jahre alt, als der Volksgerichtshof unter seinem Vorsitzenden Dr. Thierack das Todesurteil ausspricht. Begründung: »Wegen Vorbereitung eines hochverräterischen Unternehmens unter erschwerenden Umständen!« Otto Kropp gehört in den 30er Jahren den roten Sportlern an. Seine Freunde im Fußballverein Elberfeld-Ost schätzen ihn als vorbildlichen Sportler und Kameraden.

Sein Herz schlägt links

Dass sein Herz links schlägt, weiß im Verein jeder. Doch die Parteiarbeit liegt ihm nicht. Die Aufgaben seines Vereins nehmen ihn voll und ganz in Anspruch. Das ändert sich erst, als die braunen Sturmtruppen nach 1933 in die Kader der Kommunisten manche Bresche schlagen. In Wuppertal kann er sich nicht lange halten. Er weicht ins Ruhrgebiet aus. Und landet schließlich im Schatten des Kölner Domes. Hier organisiert er den Widerstand, baut den von der Gestapo zerschlagenen KPD-Unterbezirk neu auf, entwirft selbst Flugblätter und sorgt mit Freunden und jüdischen Geschäftsleuten für eine aktive »Keimzelle der Unruhe«.

Man will keine Unruhe

Da schlägt die Gestapo Anfang 1936 zu. Zusammen mit einem Kölner Chemigraphen wird er in Berlin-Moabit festgehalten. Nach dem Urteil schleppen ihn die nationalsozialistischen Henker in aller Stille unters Beil. Man will keine Unruhe.

Robert Stamm, Sohn eines Ronsdorfer Metallarbeiters, Peter Stamm, hatte in Bremen seine zweite Heimat gefunden. Als Abgeordneter der vor der Machtübernahme noch im Parlament vertretenen KPD ist Robert Stamm in den Reichstag eingezogen.

Für ihn ist es klar, dass er trotz braunen Terrors weiter im Widerstand gegen ein unmenschliches System arbeiten würde. Drei Jahre kann der ehemalige Reichstagsabgeordnete unerkannt und unentdeckt in Berlin, Bremen und Hannover tätig sein. Dann unterliegt auch er dem immer enger werdenden Spitzelnetz, das die Gestapo in ganz Deutschland über die Widerständler ausgebreitet hat.

Otto Kropp, ehemaliger »roter« Sportler au Elberfeld. NRZ-Foto: Gerd Hensel

Als Robert Stamm in Berlin zum Tode verurteilt wird, bleibt die internationale Öffentlichkeit nicht stumm. Die Anteilnahme an dem Schicksal des einstigen Parlamentariers lässt auch britische Unterhausabgeordnete nicht kalt. 104 Mitglieder des »House of Commons« protestieren in einem Telegramm bei Hitler wegen des grausamen Bluturteils.

Parteifunktionär ohne technische Glätte

Aber es scheint, dass die Nazis gerade aller Welt zum Trotz ihre Willkür aufrechterhalten müssen. Am 4. November 1937 stirbt der Wuppertaler Robert Stamm unter dem Fallbeil der Hinrichtungsstätte Berlin-Plötzensee.

Kritik am Regime

Harald Poelchau, der katholische Gefängnisgeistliche der Hinrichtungsstätte, schreibt später in seinen Erinnerungen »Die letzten Stunden« über den Kommunisten: »Stamm war ein bewusster politischer Kämpfer. Er war Parteifunktionär, doch vermisste man bei ihm die technische Glätte und Routine, die man oft bei diesen findet ... Die Überzeugungstreue und die freundliche menschliche Art von Stamm in der langen Zeit der Haft machten einen starken Eindruck auf die Mitgefangenen und Beamten. Ich erinnere mich, dass seine Hinrichtung die älteren Beamten zum Nachdenken zwang. Sie äußerten zum ersten Mal mir gegenüber Kritik am Regime.«

»Lieber kleiner Kamerad, weine nicht...«

Der Abschiedsbrief des Menschen Robert Stamm mag ein erschütterndes Zeugnis geben von seinen Gedanken kurz vor dem Tod. Er schreibt an seine Frau:

»Mein lieber kleiner Kamerad. Weine nicht, sei stark! Du warst meine tapfere Kameradin, meine liebe gute Lebensgefährtin. Wie lieb hatten wir uns, wie reich war der Inhalt unseres Bundes, wie schön unser Gleichschritt ...

In meiner Überzeugung ruhend, von dem Bewusstsein getragen, nach bestem Bemühen und Können als Mensch meine Pflicht getan zu haben, finde ich Ruhe...

Ich habe in meinem Leben gekämpft, gerungen und gehofft. Leben, kämpfen und hoffen muss der Mensch! Richte deinen Blick vorwärts. Du bist noch jung. Du darfst noch das Ziel einer glücklichen Menschheit erleben.

Grüße alle, die uns wohlgesinnt waren, die uns Freunde waren. Nimm aus glühendem Herzen meinen Gruß. Dein Robert.«

NRZ vom 2.3.1968:

Die Gestapo tobt: Woher kommt der »Friedens-kämpfer«? (36)

Zehn Jahre bereits herrscht der »Führer« in Deutschland. Und der Krieg steht bereits im vierten Jahr. Die Fahne der Bewegung, das Kreuz des neuen Deutschlands weht immer häufiger an den öffentlichen Gebäuden der Stadt. Nicht mehr jedoch zu Siegesmeldungen. Vielmehr beginnt jetzt die Zeit des Durchhaltens, die Zeit der »Bewährung für die Volksgemeinschaft«. Doch mit der Ausweitung des Krieges beginnt auch eine neue Epoche: Die Zeit des verstärkten Widerstandes gegen Hitler und den Krieg.

Die Gestapo-Zentralen in Wuppertal, Düsseldorf, Bottrop und anderen Städten des Rhein-Ruhr-Gebietes gleichen Ameisenhaufen. Die Spitzen der Geheimpolizei toben: Seit Monaten kursieren zu Hunderten oppositionelle Zeitungen, Flugblätter und Klebezettel unter der Bevölkerung. Sie gehen von Hand zu Hand. Immer mehr Leuten werden die Augen geöffnet. Und die Gestapo hat noch keine Spur.

Sie ahnt nicht, dass der Wuppertaler Alfons Kaps hier die Fäden in der Hand hat. Und während in den Wuppertaler Gemeinden die Bronzeglocken der Kriegswirtschaft zum Opfer fallen – die Gemarker Kirche muss sämtliche Glocken der Gemarker und der Immanuelskirche abliefern – , schaffen sich Kaps und seine Freunde drei Schreibmaschinen und ebenso viele Vervielfältigungsgeräte an. Teils führen sie die Geräte illegal aus Holland ein, teils kaufen sie sie im Reich.

Das Prunkstück der Widerstandsgruppe, bei der die frühere Parteizugehörigkeit keine Rolle spielt, in der aber die Vertreter der revolutionären Arbeiterschaft den Ton angeben, ist ein Apparat für Rotationsdrucke. Er soll jedoch nicht mehr zur Anwendung kommen. Unter die Leute aber kommen insgesamt elf Nummern einer mehrseitigen Zeitung mit dem Titel »Der Friedenskämpfer«, zehn Ausgaben des »Ruhr-Echos« und mehrere Exemplare des früheren KPD-Organs »Freiheit«. Im Januar 1943 erscheint schließlich die dritte und letzte Nummer des Oppositionsblattes für die braunen Sturmabteilungen »Der patriotische SA-Mann«.

Die Herstellung illegaler Materialien ist jedoch nicht die einzige Beschäftigung Kaps. Er organisiert Quartiere für »Vertreter in politischer Agitation«, er macht Anlaufstellen ausfindig und er baut das Kurier- und Postwesen aus. Nach Berlin wird der Kontakt über einen Wehrmachtskraftfahrer, nach Holland über Rheinschiffer und nach dem Süden über einen im Widerstandskreis organisierten »Mitropa«-Schlafwagenschaffner hergestellt.

Berührungspunkte sucht und findet Kaps auch bei der zur Hitlerjugend in Opposition stehenden »Edelweißjugend« und den »Kittelbachpiraten«. In Wuppertal sind die Jugendgruppen nicht stark; doch wenn es wieder irgendeine Rauferei mit HJlern gegeben hat und neben den braunen Hemden der Hitlerjugend »zufällig« Jungs in schwarzen Hemden auftauchen, dann steckt hinter diesem »Zufall« sicherlich ein »Kittelbacher«. Noch deutlicher wird es, wenn plötzlich irgendwo in Barmen oder Elberfeld junge Leute »Schwingt den Spaten, ihr Kittelbachpiraten« schmettern.

Die Oppositionsblätter bleiben aus

Als dann Anfang Februar die inzwischen in vielen Haushalten vertraut gewordenen Oppositionsblätter ausbleiben, steht es fest: Die Gestapo hat wieder einmal zugeschlagen. In den Jahren des

Hitlerreiches verschwindet so mancher; so merken es auch nur die Eingeweihten, als eines Tages Alfons Kaps' Platz an den Ufern der Wupper verwaist ist.

Dass ihn die Gestapo verhaftet, nach Düsseldorf überführt und dass er dort erschlagen wird, erfahren dann auch nur die, bei denen wenige Wochen später ebenfalls die Männer in den typischen Trenchcoats mit den hochgeklappten Kragen schellen und ihr »Sie sind verhaftet!« brüllen.

Dutzende Widerstandskämpfer geraten während dieser Verhaftungsaktion zwischen die Steine der Gestapo-Mühlen. Sie werden meist frühmorgens abgeholt – viele »fertiggemacht«. Aus dem Stamm der Wuppertaler Familie Kaps müssen neben Alfons noch die Brüder Paul und Alois sowie Schwiegersohn Ludwig Hinrichs ihr Leben für eine bessere Zukunft geben.

Im Kriegsjahr 1940 kommt die Wahrheit aus der Luft (37)

Die Wahrheit kommt ab 1940 aus der Luft. Immer häufiger kreisen jetzt die Flugzeuge der ausländischen Luftflotten über dem Rhein-Ruhr-Gebiet. Auch über Wuppertal. Und wenn die Sirenen Entwarnung heulen und die Wuppertaler aus Kellern und Bunkern wieder ans Licht kommen, liegen sie auf den Straßen, in den Parks und auf den Sportplätzen: kleine weiße oder farbige Zettel, Flugblätter der Alliierten. Ihr Inhalt ist die Wahrheit über Hitler, sein Regime, seinen Krieg gegen die europäischen Völker.

Aus den Blättern kann man erfahren, was Deutschlands Zeitungen verschweigen: die wirkliche Lage auf den Kriegsschauplätzen, die Stimmung im Ausland und auch das, was die »Emigranten des anderen Deutschland« den Menschen im »Großdeutschen Reich« zu sagen haben.

Und hier ist auch von des »Führers« Euthanasieplänen die Rede. Sie besagen, dass die Lasten der öffentlichen Fürsorge durch Vernichtung »unwerten« Lebens, durch Tötung von Krüppeln, Schwachsinnigen, Epileptikern und auch Arbeitsscheuen vermindert werden sollen.

Was die Wuppertaler allerdings aus den »Luftpostbriefen« nicht erfahren, ist die Tatsache, dass die Nationalsozialisten auch bereits in ihrer Stadt ihre blutigen Hände nach Menschen mit solchen geistigen oder körperlichen Gebrechen ausstrecken. Dem evangelischen Lutherstift gilt ihr Blick.

Gegen Mordpläne

Doch sie haben die Rechnung ohne den Wirt gemacht: Die bekennenden Lutheraner mit Kirchmeister Oscar Stodt an der Spitze verhindern mit allen ihnen zur Verfügung stehenden Mitteln die Wuppertaler Mordpläne. Unterstützung bekommen sie hierbei durch den Vatikan, der am 13. Dezember 1940 über den Rundfunk erklärt: »Die oberste Kongregation des Heiligen Stuhles hat ein Dekret erlassen, wonach weltliche Behörden wider natürliches und göttliches Gesetz handeln, wenn sie Personen das Leben nehmen, die keines Verbrechens schuldig sind, die aber, weil sie an seelischen oder körperlichen Gebrechen leiden, der Nation nicht weiter nützen und deren Erhaltung zu einer Belastung der Öffentlichkeit wird.« Der Widerstand hat Erfolg, die Nazis lassen ihren Plan fallen.

Ungefilterte Informationen

Die fliegenden Aufklärungsschriften sagen aber auch, wo man täglich zwischen 2 und 23 Uhr ungefilterte Informationen bekommen kann: auf dem 49-m-Band des Londoner Rundfunks (heute Radio Luxemburg) und auf sechs anderen Wellen. Dort kann man jetzt auch hin und wieder die Stimme des Wupperfelder Vikars Werner Koch hören. Ihm ist es nach zwei Jahren im Konzentrationslager gelungen, das sichere Ausland zu erreichen.

Bombennächte

Bald regnet es vom Himmel keine Flugblätter mehr. Während nach dem Einmarsch der deutschen Truppen in die Sowjetunion auf den Ronsdorfer Höhen die Kommunisten erneut versuchen, ihre durch die Gestapo zerschlagenen Gruppen wieder aufzubauen, während die Wuppertaler Bevölkerung hofft, vom Bombenhagel alliierter Flugzeuge verschont zu werden, während die

Nazis in ihrer Presse laut hinausposaunen, dass man in einem stillgelegten Fabrikschornstein in Wuppertal einen im Dienst des Feindes stehenden Sender gefunden habe – dem Besitzer und den noch immer aktiven Arbeiterfunkern kommt die Gestapo dabei jedoch nicht auf die Spur – rückt der 30. Mai 1943 näher heran.

Es dauert nur eine Stunde, dann sind Barmen-Mitte und die Südstadt ein einziges Flammenmeer. Wer bisher Hitlers Pläne noch nicht durchschaute, dem werden jetzt die Augen mit Gewalt geöffnet. Mitte Juni des gleichen Jahres erlebt Elberfeld ein ähnliches, tausendfachen Tod bringendes Schauspiel. Für die Menschen an der Wupper ist es der Auftakt zu einem Kampf um die nackte Existenz. Und doch gibt es noch andere Wuppertaler,

7000 Tote haben die Bombenangriffe im Jahr 1943 unter der Wuppertaler Bevölkerung gefordert. Dennoch wird die NSDAP nicht müde, die kriegsüberdrüssigen Bürger in die Partei aufzunehmen. NRZ-Reproduktion: Gerd Hensel

solche, die über dem persönlichen Schicksal nicht das Schicksal aller Deutschen vergessen. Und deren Handeln darauf gerichtet ist, möglichst schnell dem bitteren Spuk des Hitlerreiches ein Ende zu machen.

Sie entlarven »Hitlers Sozialismus« für das Rhein-Ruhr-Gebiet

als mordenden und zerstörenden Krieg. Sie fordern die Rüstungs-
arbeiter auf, aufs Land zu ziehen und damit den feindlichen
Bombern keine Angriffsziele mehr zu bieten. Sie fordern zum
Schluss »Nieder mit Hitler – Wir wollen Frieden«. Niemand in
Wuppertal weiß, woher diese Flugblätter kommen. Aber wo sie
auftauchen, gehen sie von Hand zu Hand. Und die Wuppertaler
lesen sie, bis das Papier auseinanderfällt.

NRZ vom 6.3.1968:

Trümmerasyl wird fast zu Falle (38)

Das »Dritte Reich« ist nicht mehr zu retten. Dieser Eindruck verstärkt sich nach den Bombenangriffen auf Barmen und Elberfeld bei den Wuppertalern immer mehr. Nicht nur die Menschen im Tal wissen, dass der Anfang vom Ende des Nazistaates gekommen ist, auch den Widerstandskämpfern in Zuchthäusern und Konzentrationslagern bleibt die militärische Entwicklung Ende des Jahres 1944 nicht verborgen.

Heinrich Lünink, bekannter Hitlergegner aus der Südstadt (siehe Serie Nr. 16), nach 1935 Häftling im Zuchthaus Münster, findet auf ungewöhnlichem Wege im November 1944 in seine Heimatstadt zurück: Als »Auserwählter« in einem Bombenräumkommando stiehlt er sich still und leise davon. Und er schlägt sich mühsam, ständig befürchtend, entdeckt zu werden, zur Stadt im Tal durch.

In einem Trümmergrundstück auf der Elberfelder Neumarktstraße findet Heinrich Lünink eine Bleibe. Den Behörden fällt es schon gar nicht mehr auf, wenn plötzlich einer mehr mit zerlumpten Kleidern dort auf den Trümmern sitzt. Dennoch muss der Zuchthausflüchtling ständig auf der Hut sein. Denn seine Entdeckung käme dem Todesurteil gleich.

In höchster Gefahr
Zur gleichen Zeit wird über den Bruder von Heinrich Lünink diese höchste Strafe der deutschen »Rechtsprechung« wegen Wehrkraftzersetzung verhängt. Noch hindert die Henker nur die Krankheit an der Vollstreckung des Urteils. Als Heinrich Lünink zwischen Trümmern vom Schicksal seines Bruders erfährt, steht ein Entschluss fest: Er muss ihn retten.

150

Er, der selbst in höchster Gefahr schwebt, holt den kranken Bruder aus dem Hospital. Die Glocken läuten das 6. Kriegsjahr ein – da fliehen zwei von der Volksgemeinschaft Gehetzte ins Trümmerasyl, das sie bis zum 15. April verbergen wird.

Jagd durch die Straßen

Mit einer 08-Pistole, die Heinrich Lünink mit ins Trümmerquartier brachte, wollen sich die beiden Männer im Notfall verteidigen. Für sie steht fest: Dieses Regime hält sich nicht mehr lange. Deshalb, so beschließen beide, werden sie sich den Verfolgern nicht freiwillig ergeben. Wenn eine Kontrolle kommt, wollen sie schießen.

Das Suchkommando kommt. Und die Brüder Lünink schießen – allerdings nur in die Luft. Dann flüchten beide Parteien: die Streife vor den Schützen, die Schützen vor der Streife. Heinrich Lüninks Bruder wird bei der Jagd durch Wuppertals Straßen von einer Straßenbahn erfasst, die über einen seiner Füße fährt.

Lünink schleppt den Verletzten wieder zurück in die Trümmer der Neumarktstraße. Aber kein Arzt kann zu Hilfe kommen – denn die beiden Männer könnten sich sonst verraten. Heinrich Lünink bleibt nichts übrig, als den zerschmetterten Fuß seines Bruders abzubinden und zu warten. Für den Bruder wird die Zeit bis zum Einmarsch der Amerikaner fast unerträglich: Die offene Wunde am Fuß wird brandig. Das bitterernste Abenteuer kostet ihn zwar seinen Fuß, aber nicht das Leben.

Heinrich Lünink hat einen Freund – Erich Lohmer. Für ihn endet der Konflikt mit dem Hitlerreich tödlich, noch kurz vor dem Einmarsch der Alliierten.

Zuchthaus Lüttringhausen. Im Zimmer des Anstaltsleiters klingelt gegen Mittag des 10. April 1945 das Telefon. Am anderen Ende der Leitung spricht die Gestapo Wuppertal, Kriminalassistent Dahlmann. 500 »gefährliche und kriminelle Verbrecher«

sollen der Sicherheitspolizei ausgeliefert werden. So lautet der Befehl des obersten Militärbefehlshabers im eingeschlossenen Ruhrkessel, Generalfeldmarschall Model. In Wirklichkeit sitzen jedoch noch 900 Häftlinge im Zuchthaus Lüttringhausen.

Zuchthausleiter Engelhardt, Regierungsrat und promovierter Akademiker, wurde erst 1940 Mitglied der NSDAP. Als Christ und Sozialist ist ihm das Hitlerregime zutiefst verhasst. Nun steht er vor einer schweren Entscheidung.

Konflikte
Dr. Engelhardt weiß: Nicht weit von Lüttringhausen entfernt stehen die Amerikaner, nämlich jenseits von Remscheid. Soll er sich zusammen mit den politischen Gefangenen hinter den Mauern seiner Anstalt verbarrikadieren? Aber der Sieg der »Feinde« kann sich noch hinziehen. Oder soll er dem Befehl des hohen Militärs blind folgen? Würde sein Gewissen ihn nicht ständig quälen mit dem Gedanken, dass er 500 Männer in den Tod geschickt hat? Dr. Engelhardt entscheidet sich für keinen der beiden Wege. Er hat eine andere Möglichkeit gefunden.

NRZ vom 7.3.1968:

Zuchthausdirektor in der Zwickmühle: Runge getürmt (39)

»Kann ich der Gestapo gegenüber ein hartes ›Nein‹ riskieren?« Dr. Engelhardt, Leiter des Zuchthauses Lüttringhausen, ringt mit sich selbst. Kann er jetzt, angesichts der herannahenden amerikanischen Truppen, ein offenes Wort mit seinen Vertrauten wagen? Doch wer wird außer Generalstaatsanwalt Hagemann, seinem Chef, Oberinspektor Scharf, seinem Stellvertreter in der Strafanstalt, und Oberaufseher Eichhöfer mitziehen? Engelhardt weiß, dass er viele Neider hat, und ein falscher Zungenschlag oder Schritt kann in diesem Moment noch sein und seiner Freunde Leben kosten. Denn gerade jetzt könnte es ja einem seiner Gegner einfallen, »zufällig« bei der Gestapo ein Wort über den Gefangenen und »schweren Staatsfeind« Hermann Runge zu verlieren.

Hermann Runge, Sozialdemokrat vom linken Niederrhein, ist bereits seit Jahren Stammgast in Lüttringhausen. Wegen Fortführung der SPD haben ihm die braunen Herren ein Dutzend Jahre Zuchthaus aufgebrummt. Mitte 1944 soll seine Strafe auslaufen. Doch das ist ganz und gar nicht im Sinne der Nationalsozialisten. Vielmehr landet bei Direktor Engelhardt die Gestapo-Aufforderung, den Gefangenen Runge nach Strafablauf in das KZ Sachsenhausen zu »überstellen«. Da Engelhardt Runge jedoch zu denen zählt, von denen er sagt, »die deutschen Kommunisten und Sozialdemokraten haben nie den Sinn für Takt und Disziplin vermissen lassen, wenn das Menschentum in ihnen geehrt und der ehrliche Gegner ritterlich respektiert wird«, kämpft er – mit Erfolg – für eine weitere Inhaftierung Runges auf den Bergischen Höhen.

Keine Meldung an Gestapo

Runge erhält sogar Vergünstigungen: Er darf mit einem Außentrupp bei Vorwerk & Co. arbeiten. Bis zu jenem Tag, da ihm die Freiheit erstrebenswerter erscheint als jede noch so leichte Arbeit. Runge türmt. Und Dr. Engelhardt ist in einer Zwickmühle. Generalstaatsanwalt Hagemann und er kommen überein, die Gestapo nicht zu verständigen. Doch beide wissen, ergreift man den »Volksverräter« Runge, müssen sie dessen Los teilen. Daran denkt Dr. Engelhardt jetzt, am 10. April 1945. Eines steht für ihn fest: Er wird sich mit all seinen Kräften dafür einsetzen, dass in diesen letzten Tagen des NS-Regimes mit den Gefangenen kein Unsinn mehr getrieben wird.

Wiedersehen in Buchenwald

Auf diesem Standpunkt stehen auch zwei andere Wuppertaler, keine »hohen Tiere«, sondern einfache KZ-Häftlinge. In Wuppertal haben sie beide – wenn auch an verschiedenen Fronten – den Nazis die Stirn gezeigt und in Buchenwald treffen sie sich nach Jahren unter 45 000 »Staatsfeinden« wieder: Paul Bender und Heinz Brienne. Vom Tod halten sie beide nicht viel, wenn auch die Buchenwald-Größen zumindest für den einen, Heinz Brienne, dieses Schicksal bestimmt haben. In den ersten acht Wochen ist der berüchtigte »Bunker«, den bisher nur wenige lebend verlassen haben, seine Unterkunft. In der achten Woche ist Brienne das Warten auf sein Ende leid. Er klopft an die Zellentür.

»Ich möchte dem Führer schreiben!«

Schaum vor dem Mund tritt der Bunkerchef persönlich ein. Das hat er noch nicht erlebt: Ein Todeskandidat hat einen Wunsch. Und was für einen! »Bitte bringen Sie mir Papier und einen Bleistift, ich möchte dem Führer schreiben«, tut Brienne dem SS-Sadisten kund. Dem verschlägt es die Sprache. »Typisch deutsch«, murmelt er, bevor er die Türe zuschlägt.

Einige Stunden später startet Brienne einen zweiten Versuch. Und – es stellt sich Erfolg ein. Er darf zwar nicht dem Führer schreiben, aber den Bunker verlassen.

Im Lager findet Brienne schnell Anschluss an eine der über 150 illegalen Widerstandsgruppen. Er hat ja auch einen prominenten Lagerbürgen: Den Blockältesten und »Herrscher« über 800 Häftlingsseelen, Paul Bender aus Wuppertal. Für die illegale Widerstandsorganisation ist es klar: Ein Mann wie Brienne mit seiner SA-Waffenerfahrung ist hier Gold wert. Und so ist es auch nicht verwunderlich, dass man Heinz Brienne Anfang April 1945, in der Stunde der Selbstbefreiung des Lagers von den Peinigern, hinter dem einzigen Maschinengewehr der illegalen Widerstandsleitung findet.

Dr. Engelhardt aber hat derweil andere Sorgen. Die Wuppertaler Gestapo drängt. Sie will Taten sehen. Und noch mehr, sie will Gefangene in ihren Händen haben. Vor allem »Politische« und Ausländer – weil sie in denen die größte Gefahr als »Unruhefaktor« vor den anrückenden Feindtruppen sieht. Jetzt gilt es zu handeln. »Die Ausländer kann ich auf keinen Fall herausgeben, die stehen unter besonderem diplomatischen Schutz«, schwindelt Engelhardt den »Geheimen« vor. »Davon ist uns nichts bekannt. Doch wir wollen uns erkundigen«, ist die Antwort aus dem Wuppertaler Polizeipräsidium.

Prädikat: Todesstrafe
Zu dieser Erkundigung kommt es nicht mehr. Die ausländischen Häftlinge, von denen viele mit dem Prädikat »Todesstrafe« ausgezeichnet sind, werden durch diesen Zufall gerettet. Doch die anderen, die annähernd tausend Deutschen? Schlägt für sie Falle zu?

NRZ vom 8.3.1968:

Gefahr für das »Fähnlein der sieben Aufrechten« (40)

Die Häftlinge in den Zellen des Lüttringhauser Zuchthauses können nicht ahnen, was die Geheime Staatspolizei kurz vor NS-Toresschluss mit ihnen vorhat. Doch zwei junge Damen, nach dem Bombenangriff auf Elberfeld in einer Dachgeschosswohnung auf der Düsseldorfer Straße beheimatet, wissen genau, was ihnen droht, wenn die Gestapo ihnen auf die Schliche kommt. Dabei besteht ihr einziges »Verbrechen« darin, die Menschlichkeit in einer Zeit des moralischen Verfalls hochgehalten zu haben.

Beide sind Liberale. Und beide sehen die durch Hitler für die erste deutsche Republik aufziehenden Gefahren und warnen, warnen, warnen: Cläre und Leni Blaeser. Wie so viele aufrichtige Stimmen werden auch sie nicht gehört. Und wie so viele aufrichtige Menschen in diesem »neuen« Staat stellen sie sich auf die Seite derer, denen Humanismus und Menschlichkeit mehr bedeuten als Nationalstolz und Ariertum.

In ihrem Bekanntenkreis gibt es viele Juden, ehrliche, anständige und geistig rege Bürger. In der Kant-Gesellschaft, in der Gesellschaft für Kammermusik und in der Lesegesellschaft findet man sie. Im Kulturleben Wuppertals spielen die jüdischen Menschen, wie auch andernorts, eine hervorragende Rolle.

Hexenjagd gegen Juden

Doch das ändert sich mit der Machtübernahme durch die Nationalsozialisten schlagartig. Die Hexenjagd auf diese Menschengruppe beginnt. Am 29. März blasen die nationalsozialistischen

»Kampfblätter« zum ersten Sturm auf jüdische Geschäfte. Auch in Wuppertal. Dann hagelt es Verbote und Verfügungen gegen die Angehörigen des »Weltfeindes Nummer 1«: Für sie gelten nur noch bestimmte Einkaufsstunden, für sie sind Fleisch und Kartoffel tabu, ihnen werden eigene Veranstaltungen untersagt, und sie müssen schon bald den gelben Stern tragen.

Die Zeitungen der Nationalsozialisten – und das sind am 29. März 1933 in Deutschland bereits die Mehrzahl – rufen zum 1. April zum ersten Boykott der Juden auf. Hier das Titelblatt des »Völkischen Beobachters« vom 29. März.
Reproduktion NRZ

Cläre und Leni empfehlen ihren Freunden, wo immer es möglich ist, ins Ausland zu gehen. Doch die Juden wollten es einfach nicht wahrhaben. Immer wieder kommt ihr Argument: »Wir sind doch gute Deutsche!« Doch die neuen Machthaber überzeugen sie bald mit Gewalt: Am 9. November 1938 brennen in Barmen und Elberfeld die Synagogen. In Darmstadt erleben die beiden Wuppertalerinnen die ersten Deportationen. Sie versuchen überall zu helfen: In ihrem Haushalt wird eine Jüdin als Hausgehilfin untergebracht, und in der Firma, wo Cläre die Lebensmittelkarten verwaltet, verschwinden plötzlich Abschnitte und landen bei den überall benachteiligten Juden.

Und in der Frankfurter Lindenstraße erlebt Cläre Blaeser auch ihre erste Vernehmung beim Judendezernat. Sie behält die Nerven, die Gestapo ihre Vermutungen; und das Ergebnis: Man muss sie laufenlassen. Doch sie steckt nicht auf. Sie unternimmt für ihre jüdischen Freunde Reisen und schafft Geld und Nachrichten zu Mittelleuten.

An der Schweizer Grenze fühlt Cläre ihr letztes Stündlein geschlagen, als sie – die dort eine Fluchthelfergruppe vor der Gestapo warnt – auffällt und ihren abgelaufenen Personalausweis abliefern muss. Doch der Kelch geht aus für sie unerklärlichen Gründen noch einmal an ihr vorbei.

In Darmstadt bekommt Cläre Blaeser auch Kontakt mit einem jüdischen Buchhändler, der, als sie ihm erklärt, dass sie aus Wuppertal komme, einen Linolschnitt einer jungen Wuppertaler Künstlerin zeigt. Einen Linolschnitt von Hanna Jordan. »Ich darf ja jetzt keine Ausstellungen mehr durchführen. Würden Sie wohl den Linolschnitt mit nach Wuppertal nehmen?« bittet der Händler in Literatur die junge Buchfreundin von der Wupper.

Strohmatten gegen Gastgeräusche
Sie sagt zu, und so werden über einen Linolschnitt die Kontakte zur jüdischen Familie Jordan in Wuppertal hergestellt, die sich bald zur festen Freundschaft entwickeln. Denn die Jordans haben Freunde in dieser Zeit nötig. Sie stehen, wie viele ihrer Glaubensgenossen, im Blickfeld der Naziagitation. Bis sie mit Hilfe deutscher Freunde aus diesem Blickfeld in den Untergrund und für die Häscher des »Dritten Reiches« nicht auffindbar, verschwinden.

Hausdurchsuchung

Auch bei Blaesers ist jetzt Dauerbesuch. Ein junger Jude, der den Sommer 1944 über in einer Gartenlaube am Wuppertaler Stadtrand versteckt gehalten wird und dem es nicht zuzumuten ist, in der eiskalten Hütte zu überwintern, wird auf der Düsseldorfer Straße einquartiert. Sehr vorsichtig, denn die Hausbesitzer haben bereits einmal gegen Mieter eine Anzeige wegen »Auslandssender-Hören« erstattet. Die Zimmer werden mit dicken Strohmatten ausgelegt, um jedes Geräusch des Gastes zu übertönen.

Und doch bekommen die Beamten des Judendezernates Wind von dem Gast. Oder wenigstens, sie vermuten dort einen. Denn als am 24. Februar 1945 aus dem Polizeipräsidium die Gestapoleute Mannsfeld und Pohlmann vor der Tür stehen, ihre Dienstmarken unter dem Mantelaufschlag vorzeigen und siegessicher ihr »Hausdurchsuchung« von sich geben, ist der Schützling der beiden Blaesers bereits in der nächsten sicheren Unterkunft. Für die beiden »Geheimen« ist nicht mehr viel »drin«, denn alles, was gefährlich werden konnte, ist Stunden vorher durch den Schornstein gewandert.

Zeichnung: Hitler als Sträfling

Nur ein winziges Heftchen, in dem sich der junge Mann mit Zeichnungen und Notizen die Zeit vertrieb und in dem alles, wirklich alles über das »Fähnlein der sieben Aufrechten« niedergelegt ist, steckt noch im Luftschutzgepäck. Ohne Wissen der beiden Wohnungsbesitzerinnen. Durch einen Zufall entgeht es der Neugierde Mannsfelds und Pohlmanns. Cläre wird abwechselnd blass und rot, als es ihr kurz nach der Hausdurchsuchung in die Hand fällt. Da steht es schwarz auf weiß, wie sie das Tausendjährige Reich sieht: In der schwarzen Robe steht Cläre Blaeser vor einem Mann in gestreifter Häftlingskleidung. Der Mann ist Hitler, und die Daumenbewegung der gezeichneten Richterin zeigt an: »Nach unten mit dir.« Die Zeichnung hätte für die Gestapo sicherlich als Beweis für »Volksverrat« ausgereicht.

So aber bleibt das »Fähnlein«, von dem drei in der Öffentlichkeit und vier in sicheren Verstecken leben, noch einmal verschont. Völlig? Cläre Blaeser wird zum Präsidium, zum Judendezernat geladen.

Die Kristallnacht

So wie Emil Ginkel, dem dichtenden Arbeiter aus dem Elberfelder Petroleumviertel, dachten 1938 viele. Doch nur wenige
handelten danach. Das Gedicht ist entnommen dem Buch »Lied
überm Strom. Gedichte eines Arbeiters« 1950

Als die Synagogen brannten,
stand am Eck die Polizei,
und als wir zum Löschen rannten,
gab sie nicht die Straße frei.

Und die Juden mussten ziehen –
Kleingepäck und etwas Geld.
Ich konnt nicht dem Graun entfliehen
Und blieb hier, auf mich gestellt.

Eine Welt hab ich geduldet,
die ich voller Ekel sah.
Mehr trag ich, als ich verschulde,
darum bin ich ja noch da!

NRZ vom 9.3.1968:

Das Sprengkommando rettet elf »politische Verbrecher« (41)

Die Aufregung der letzten Monate zerrt an den Nerven. Aber jetzt, wo man es deutlich spürt, dass das Tausendjährige Reich in den letzten Zügen liegt, heißt es standhaft sein. Daran denkt Cläre Blaeser, als sie den Gang zum Judendezernat antritt. Im obersten Stock des Polizeipräsidiums wird die junge Frau bereits vom Gestapomann Mannsfeld erwartet. »Los, sagen Sie, wo steckt die Hanna Jordan?« herrscht der sie an. Lächeln darf sie in dieser Situation nicht, dass weiß sie. Aber es ist ihr auch bekannt, dass ihr niemand das Denken verbieten kann.

Deshalb steht für sie fest: Niemals wird sie Hanna und deren Familie verraten. »Ich weiß nicht, wo sich die Familie aufhält«, bekommt Mannsfeld erzählt. Und er bekommt auch gesagt, dass, wenn sie es wirklich wüsste, er nicht damit rechnen könne, es gesagt zu bekommen. Denn schließlich sei es die Familie Jordan gewesen, die ihnen nach dem Bombenangriff die Türe geöffnet habe und nicht Leute mit christlichem Bewusstsein oder die Volksgenossen.

Verrat an den Freunden?
Doch ungeschoren lässt Mannsfeld Cläre Blaeser nicht laufen. Sie muss eine Erklärung unterschreiben, die besagt, dass sie es sofort meldet, wenn sie erfährt, wo sich Hanna Jordan aufhalte. Cläre Blaeser hätte es sofort melden können, doch Verrat an ihren Freunden? Nein, das gibt es für sie nicht!

Zu Verrätern an den Mitmenschen wollen auch andere Wuppertaler nicht werden. Sie stehen auch in bitteren Stunden an der

Seite der geächteten Juden. Im Ghetto der Juden Wuppertals, in der Königsstraße 73 (heute Friedrich-Ebert-Straße), kann man sie beinah täglich beobachten: Minna Sopp aus Sonnborn und die Schwestern Steineganz aus Solingen. Sie helfen, wo sie können und wo man es ihnen erlaubt. Sie pflegen Alte und Kranke, sie erledigen Gänge für die gefährdeten Menschen und sie lassen auch hin und wieder einzelnen von denen, auf die die Gestapo ein besonderes Auge geworfen hat, verschwinden.

Noch in den letzten Tagen soll der »Führer« leben. Doch jetzt nur noch bei den Obernazis. Die Mehrzahl der Wuppertaler trachtet danach, ihr Leben über die Runden zu bringen. Gauleiter Florian, mit seinem Stab nach Wuppertal übergesiedelt, erlässt am 29. März 1945, rund zwei Wochen vor dem Einmarsch der Amerikaner, diesen abgebildeten Aufruf.
Reproduktion NRZ

Braune Menschenfänger

Doch sie können nicht verhindern, dass immer wieder neue Juden, und später auch Halbjuden, in die Lager geschafft werden. Ebensowenig wie das Beamtenehepaar Lusebrink, das in aller Stille hilft und monatelang Nichtarier vor dem Zugriff der braunen Menschenfänger verborgen hält. Sie alle können nicht verhindern, dass nach zwölf Jahren Hitler-Herrschaft über 1000 Wuppertaler Juden den bitteren Weg in die Lager, und meist auch in den Tod angetreten haben.

»Wir müssen Leute haben!«

Ein ähnliches Schicksal will in Lüttringhausen Zuchthausdirektor Dr. Engelhardt »seinen« Gefangenen ersparen. Die ausländischen Häftlinge hat er bereits mit einem Trick gerettet. Wie aber kann er der Gestapo begreiflich machen, dass auch die deutschen Häftlinge in der Anstalt bleiben müssen? Im Polizeipräsidium reagiert man auf alle diese Ansinnen ablehnend. »Wir müssen unbedingt Leute haben. Und möglichst viele!« ist deren einziges Argument. Noch in der Nacht zum 11. April kommt zum zweiten Mal eine dreiköpfige Gestapo-Abordnung in das Zuchthaus. Sie will die Kartei sehen und die Namen der Abzuholenden festlegen.

Wird Kaplan Dr. Rossaint befreit?

»Ich kenne die Insassen der Strafanstalt besser. Ich mache Ihnen die Liste fertig!« lässt Dr. Engelhardt die Wuppertaler wissen. Und er stellt mit Hilfe von Oberinspektor Scharf eine Liste von rund 90 Häftlingen zusammen, die entweder schwerstens kriminell belastet, politisch verhältnismäßig harmlos, oder der Gestapo als Funktionäre bestens bekannt sind. Engelhardt hofft, dass man auf die mittlere Gruppe – weniger »schlimme Politische« – bei der Durchsicht verzichtet wird, und hinter die Namen der erheblich belasteten Gefangenen schreibt er vorsorglich: »Befinden sich derzeit bei Sprengstoffkommandos der Luftwaffe.«

Schweitzer kapiert

Dies entspricht zwar nicht der Wahrheit. Doch Dr. Engelhardt ist entschlossen, die Gefangenen (wie er sie nennt: menschlich wertvolle Gegner der NSDAP) möglichst schnell zu den militärischen Sonderformationen zu schaffen. Zu Hilfe kommt ihm dabei Hauptmann Schweitzer vom Sprengkommando Ratingen. Der weiß nicht wie ihm geschieht, als ihn Dr. Engelhardt am Nachmittag des 11. Aprils immer wieder bittet, ihm doch noch einmal einen Trupp »politischer Verbrecher« abzunehmen. Schweitzer kapiert – und nimmt in seinem einfachen VW-Dienstwagen elf Häftlinge mit.

Die Kommunisten nehmen, wie viele andere Menschen, bei denen die Menschlichkeit noch nicht ganz verschüttet ist, gegen Hitlers Judenpogrome Stellung. Hier die Titelseite einer Sondernummer der illegalen »Freiheit.« Reproduktion NRZ

Sie fahren Richtung Hagen und – überleben das »Dritte Reich«. Doch immer noch sind es etwa 80, die auf der Liste stehen. Was wird mit ihnen geschehen? Und besonders mit dem katholischen Kaplan Dr. Rossaint, ein für die Nazis besonders »Gefährlicher«, weil er Kontakte zwischen Katholiken und Kommunisten schuf. Findet Dr. Engelhardt auch für sie ein Loch im Gestapo-Netz?

Kurz vor NS-Torschluss: Gestapo-Mord an 60 Häftlingen (42)

Die allgemeinen und militärischen Zustände im Raume Wuppertal kann man am 12. März 1945 noch durchaus als »geordnet« bezeichnen. Der Fernsprechverkehr funktioniert. Die Partei- und Polizeidienststellen sind weiter besetzt, und es erscheinen auch noch – auf Befehl der obersten Leitung der Nationalsozialisten – die NS-Zeitungen. Und noch sieht Zuchthausleiter Dr. Engelhardt kein Loch im todbringenden Netz der Gestapo. Da bringt auch Dr. Engelhardts und Staatsanwalt Hagemanns Blitzbesuch im Polizeipräsidium und deren Bürgschaft für die Gefangenen keine Wende. Die Gestapo fordert weiter: Die Gefangenen müssen abgeholt werden.

Kriminalassistent Dahlmann verkündet es am Abend des 11. März 1945 endgültig: Alle auf der Liste stehenden Häftlinge werden abgeholt. Er nennt auch gleich den Termin: den Nachmittag des nächsten Tages. Jetzt können nur noch die Zeit und ein passiver Widerstand helfen, schießt es Engelhardt durch den Kopf. Und er ordnet erst einmal an, dass einige Wuppertaler und Remscheider Unternehmer die bei ihnen beschäftigten Gefangenentrupps ausnahmsweise später zurückschicken sollten.

Rossaint wird gerettet

Außerdem unternimmt Engelhardt noch einen letzten Versuch, wenigstens die politisch weniger Belasteten und Kaplan Dr. Rossaint von dem ungewissen Schicksal zu befreien. Doch Gestapomann Hufenstuhl lässt sich nicht erweichen. Nur auf die mehrmalige Bitte um den katholischen Priester bringt er ein »Mal

sehen« über seine Lippen. Für Engelhardt ist das ein »Gerettet«.
Und für Dr. Rossaint ist das eine Masche im Netz. Die Masche,
die ihm das Leben rettet.

Ring schließt sich

Für die anderen schließt sich der Ring, als am Nachmittag zwei
große möbelwagenähnliche Lastkraftwagen aus Wuppertal an-
gerollt kommen. Engelhardt geht es immer wieder durch den
Kopf: Zeit gewinnen, Zeit gewinnen. »Ich bin beim Zahnarzt.
Sagen Sie den Gestapoleuten, dass sie ohne meine Einwilligung
keine Gefangenen herausgeben dürften«, erklärt er seinem Stellvertreter Scharf.

Das Telefon klingelt

Engelhardt sitzt gerade unter dem Bohrer, da klingelt beim
Zahnarzt das Telefon. Am anderen Ende die Stimme von Oberinspektor Scharf: »Kommen Sie sofort, die Gestapoleute wollen
auf eigene Faust handeln!« Nur das nicht. Engelhardt rast zur
Anstalt zurück, wo die Wuppertaler bereits damit begonnen haben, einzelne Gefangene in die Möbelwagen zu schleppen. Und
der »Geheime« Dahlmann drängt.

»Wenn Sie keine Unruhe unter den Gefangenen wollen, müssen Sie alles in Stille erledigen.« Mit diesen Worten setzt Dr. Engelhardt durch, dass alle bereits im Wagen befindlichen Häftlinge
wieder in ihre Zellen zurücktransportiert werden. Und hinter
dem Rücken der Gestapoleute wird auch etwas anderes erledigt:
Die Akten der Personen, die unbedingt verschont werden müssen, werden im Besuchszimmer aussortiert. Als schließlich ab-
gezählt wird, sind es 55 Gefangene, die übrigbleiben.

Dahlmann tobt. Jetzt ist die Sabotage deutlich zu spüren. Und
er bangt um seinen eigenen Kopf.

»Mit so wenigen darf ich auf keinen Fall nach Wuppertal

kommen«, donnert er. Notgedrungen muss Engelhardt weitere Zuchthausinsassen herausgeben. »Einige Gefangene sind noch auf Außenarbeit, und zwei liegen im Lazarett. Die bringe ich mit dem Anstaltswagen nach«, ist Engelhardts Antwort auf den Gestapo-Wunsch.

Unruhige Nacht

Für den Zuchthausdirektor folgt eine unruhige Nacht. Kann er es darauf ankommen lassen, dass die Wuppertaler die Abholung selbst vornehmen? Oder kann dieses Wagnis nicht verhängnisvolle Auswirkungen für alle haben? Schweren Herzens entschließt er sich am Morgen, weitere sechs Gefangene in die Ungewissheit steuern zu lassen.

Rettung im Versteck hinter der Orgel

Insgesamt hat die Geheime Staatspolizei jetzt – so sagen es ihre Unterlagen – 61 Häftlinge abgeholt. Allerdings sind in Wirklichkeit nur 60 in ihrem Besitz. Wie sich erst nach Tagen herausstellt, hat sich der Gefangene Sauerwald in einem unbewachten Augenblick in einer Spülzelle versteckt und ist später vom Hausreiniger in der Kirche hinter der Orgel versteckt worden.

Bevölkerung atmet auf

Die Amerikaner sind seine Lebensretter. Für die sechzig anderen aber gibt es keine Rettung mehr. In den Morgenstunden des 13. März transportiert die Gestapo die Gefangenen ungestört nach Solingen-Landwehr. Unbarmherzig und ohne jeden militärisch-politischen Sinn werden die Häftlinge – unter ihnen etwa 12 »Politische« – gegen sieben Uhr in den Sandbergen an der Straße nach Langenfeld meuchlings erschossen.

Drei Tage später rückten die Amerikaner in Wuppertal ein. Wie ein Kartenspiel klappt das Gebäude des »tausendjährigen

Reiches«, das in seinen rund zwölf Jahren tausendfach Tod, Terror, Verfolgung und Verzweiflung nach Wuppertal brachte, zusammen. Und trotz Ungewißheit, über die Zukunft, trotz Hunger und Tod atmen die Menschen auf. Der weitverbreitetste Ruf in der Stadt im Tal ist in diesen Tage »Niemals wieder!«

Veröffentlichte Leserbriefe zur Artikelserie

NRZ-Ausgabe Nr. 31 – 6. Februar 1968
Gestapo-Dokumentation

Zu der NRZ-Serie über den politischen Widerstand in Wuppertal in den Jahren 1933 bis 1945 erreichte die Redaktion folgender Brief:

Sehr geehrter Herr Jann!
Sie haben in mir einen aufmerksamen und interessierten Leser der Gespenstergeschichtenserie aus dem Dritten Reich »Nachts, wenn die Gestapo schellte ...« und ich möchte Ihnen nach mehr als einem Dutzend Fortsetzungen einfach einmal danken für die ausgezeichnete Arbeit, die Sie geleistet haben. Tageszeitungen gehen an einen geschichtlichen Stoff nicht mit den Ambitionen der Historiker heran, was Umfang, Quellenverweisungen usw. angeht. Die Presse hat jedoch die Chance, die Geschichte in kleiner Münze, anregend dargestellt, kurzweilig aufgemacht und mit dem Blick auf das Wesentliche einem breiten Publikum nahezubringen. Mit Ihrem Beitrag zur jüngsten Vergangenheit in unserer Stadt ist Ihnen solches Vorhaben gelungen.

Ihrer Aufsatzreihe verdanke ich viele neue Informationen über den Nationalsozialismus und seine Gegner in Wuppertal. Mit meiner ungeteilten Aufmerksamkeit bis zur letzten Fortsetzung dürfen Sie rechnen.
Mit freundlichen Grüßen!
Dr. Klaus Goebel
Wuppertal-Barmen
Ottostraße 33

Nr. 34 – 9. Februar 1968

Auch in Elberfeld: Nationale Einstellung der Pfarrer

Zur Gestapo-Serie vom 30. Januar (»NS-Kanzelstürmer predigt in der leeren Friedhofskirche«) erreichte die Redaktion jetzt ein Brief von Pfarrer Eduard Hesse, einem Sohn des ehemaligen Elberfelder Pfarrers D. Hermann Hesse. Er schreibt unter anderem:

Als letzter Überlebender der »Familiendynastie Hesse«, wie es in dem Artikel so lustig heißt, darf ich vielleicht ein paar Anmerkungen machen.

Bei uns war es 1933 nicht anders als in den Gemarker Pfarrhäusern, dass die altgewohnte nationale Einstellung zunächst alle Bedenken gegen Hitler überschattete. Bei uns kam es erst um die Jahreswende 1933/34 zum Umdenken. Jene Aufschrift an der Hauswand »Hier wohnt der Volksverräter Hesse mit Frau und Kindern« kam auch erst 1934.

Die Geschichte mit dem Gottesdienst in der Friedhofskirche war der Anfang einer Befreiung der Kirche vom Staat, an der wir heute noch arbeiten. Nach der Absetzung von Pfarrer Klugkist-Hesse hatten die staatstreuen Pfarrer einen neuen Predigtplan – ohne Klugkist-Hesse – aufgestellt, nachdem mein Vater im Uellendahl drangewesen wäre. Da er sich aber mit Klugkist-Hesse solidarisch erklärt hatte, ging er – nach der alten Ordnung – in die Friedhofskirche, wo die Kanzel bereits durch den jetzigen Lemgoer Oberkirchenrat Stolz besetzt war. Der erhob sich hinter der Kanzelbrüstung und rief uns zu: »Es steht geschrieben: Jedermann sei untertan der Obrigkeit. Ihre Obrigkeit ist das Konsistorium!«

Wir drei Brüder (Helmut, Frie und ich) boten Vater an, Herrn Stolz von der Kanzel herunterzuwerfen. Aber Vater erklärte:

»Nicht Gewalt gegen Gewalt! Wir weichen der Gewalt!« So zog die Bekennende Gemeinde aus dem Kirchengebäude aus – und das war ein weittragender Vorgang.

Die Schriftleitung des »Reformierten Wochenblattes« wurde Pfarrer Klugkist-Hesse von den Nazis entzogen und dem jetzigen Superintendenten Heinrich Höhler übertragen.

Freundlichen Gruß und Dank!

Eduard Hesse, Pfarrer

4132 Kamp-Lintfort

Hörstgen 19

Nr. 40 – 16. Februar 1968
Rege Diskussion

Ein weiterer Brief zur NRZ-Serie über den Wuppertaler Widerstand im »Dritten Reich« landete jetzt auf dem Redaktionstisch. Werner Kluge schreibt unter anderem:

Sehr geehrter Herr Jann! Aus vollem Herzen begrüße ich Ihren Dokumentarbericht »Nachts, wenn die Gestapo schellte ...«, als einen wichtigen Hinweis für die Greueltaten der Handlanger des braunen Systems gegen aufrechte Demokraten. Ihr Bericht wird, wie mir bekannt ist, in der Wuppertaler Bevölkerung rege diskutiert.

Die Terrormethoden waren im damaligen Reichsgebiet überall die gleichen. Als junger Mensch – zur Zeit der Machtübernahme 1933 im »Reichsbanner Schwarz-Rot-Gold« und in der sozialistischen Arbeiterjugend organisiert – erlebte ich in Niederschlesien selbst eine Wohnungsdurchsuchung durch Kripo und SA-Hilfspolizei.

Mein Wunsch: Möge die heutige Jugend erkennen, dass nur

172

die Demokratie die Staatsform aller anständigen Menschen sein kann und diese deshalb gegen alle Angriffe Radikaler von rechts und links zu verteidigen ist!
Werner Kluge
Wuppertal-Elberfeld
Emil-Uellenberg-Platz 4

Nr. 43 – 20. Februar 1968
»Ehrendes Gedenken für meinen Kollegen Fritz Senger«

Parallelen zwischen der Zeit des »Dritten Reiches« und heute sich NRZ-Leser Ernst Köchly nach dem Studium der Serie über Wuppertals politischen Widerstand. Ferner fragt er nach einem ehrenden Gedenken für den ehemaligen sozialdemokratischen Stadtverordneten Fritz Senger. Unter anderem schreibt er:

Mit der Artikelserie »Nachts, wenn die Gestapo schellte ...«, den Ausschnitten aus dem grausamsten und unwürdigsten Kapitel deutscher Geschichte, hat die NRZ sehr richtig einen Zeitpunkt gewählt, der erschreckende Parallelen zu damals zeigt.

Vielfach dieselben Kräfte in Wirtschaft und Politik, gleiche oder ähnliche Ursachen, die weite Teile des Volkes in Existenzangst halten, verbunden mit einer Aufrüstung von nicht erlebter Vernichtungskraft, stoßen in der Bundesrepublik auf eine Bevölkerung, die durch die Schuld der Herrschenden und der öffentlichen Meinungsbildner in den letzten 20 Jahren noch keineswegs immer gegen Verführungskünste neuer Rattenfänger immun geworden ist.

Von besonderer Bedeutung ist es, heute den Faschismus in den Anfängen zu erkennen und die Kräfte, die ihn fördern und unterstützen, aufzudecken und bloßzustellen. Die Lehren der Vergangenheit gerade in dieser Hinsicht sollten uns helfen, diesmal rechtzeitig eine starke und erfolgversprechende Abwehrfront zu schaffen.

Das wurde mir auch besonders deutlich und bewusst, als in der Serie das furchtbare Schicksal meines früheren Betriebs- und Gewerkschaftskollegen Fritz Senger geschildert wurde. Diese starke Persönlichkeit, gleichzeitig aber einfacher und liebenswerter Kollege, war bei den Barmer Bahnen und in Gewerkschaftskreisen ein Begriff.

Straße nach Fritz Senger?

Vergebens sucht man in Wuppertal nach einem öffentlichen ehrenden Gedenken an diesen mutigen Kämpfer gegen den Faschismus und seinen Opfertod. Keine Straße, kein Platz wird nach ihm benannt. Sollte dies nicht möglich sein, wo doch so manche Straße nach weit weniger bekannten Personen benannt wird?

Ernst Köchly

5829 Ennepetal-Königsfeld

Holthausertalstraße 85

Nr. 45 – 22. Februar 1968
Serie ist stark gefragt

Die NRZ-Serie über den politischen Widerstand im »Dritten Reich« ist im Gespräch. Ein Lied davon können auch die Angestellten in der Hauptgeschäftsstelle am Hofkamp singen. Täglich kommen Anrufe und Briefe mit der Bitte nach weiteren Exemplaren der Serie. Und viele Leser kommen direkt in das NRZ-Haus. Sie versorgen sich mit »Gestapo-Zeitungen«, solange der Vorrat reicht. Hier einige Stimmen von Nachbestellern:

»Bitte sind sie doch so gut und senden mir Ausschnitte aus der Serie »Nachts, wenn die Gestapo schellte ...« von den Tagen 14., 15. und 27. Januar ...«
Herbert Schäfer
Wuppertal-Elberfeld
Masurenstraße 20

»Sehr geehrte Herren, durch Bekannte wurde ich auf ihre Artikelserie „Nachts, wenn die Gestapo schellte ...« aufmerksam gemacht. Als Sohn des Pastors Klugkist Hesse interessieren mich Ihre Veröffentlichungen aus naheliegenden Gründen sehr. Ich wäre Ihnen sehr dankbar, wenn Sie mir die bisherigen Nummern zukommen ließen ...«
Hermann Klugkist Hesse
Wuppertal-Elberfeld
Schuckertstraße 37

»Wir sind Abonnenten Ihrer Zeitung. Nun haben wir eine Bitte. Wäre es möglich, daß Sie uns den wunderbaren Artikel »Nachts, wenn die Gestapo schellte ...« bis auf Nummer 24 nochmal schicken könnten ...«
Frau Seelbach
Wuppertal-Elberfeld
Domagkweg 71

»Sehr geehrte Herren! Wie wir erfahren, erscheint seit einiger Zeit in Ihrer Zeitung ein Bericht über den Kirchenkampf 1933 bis 1945 in unseren beiden Kirchenkreisen Barmen und Elberfeld. Wir wären Ihnen dankbar, wenn Sie uns die bisher erschienenen Artikel zustellen würden und auch die weiteren Artikel, die noch erscheinen werden ...«
Vereinigt-evang. Gemeinde
Unterbarmen-Süd

Nr. 47 – 24. Februar 1968

Dank für die NRZ-Serie über den politischen Widerstand

Erfreut über das Erscheinen der NRZ-Gestapo-Dokumentation zeigt sich auch Leserin Charlotte Adams. Sie schreibt unter anderem:

Sehr geehrter Herr Jann! Als aufmerksame Leserin Ihrer Artikelserie »Nachts, wenn die Gestapo schellte ...« möchte ich Ihnen, auch im Namen meines Mannes, dafür danken, dass diese ausgezeichnete Serie in Ihrer Zeitung erscheint.

Endlich einmal hat jemand den Mut gefunden, über den Widerstand in unserer Stadt zu berichten und breiten Schichten der Bevölkerung den schweren Kampf der Gegner des Nazisystems nahezubringen. Besonders wichtig scheint mir zu sein, dass durch die Artikelserie auch unsere Jugend über den Widerstandskampf vieler Bürger unserer Stadt während des Faschismus informiert wird.

Für Ihre Leistung mit der Artikelserie nochmals besten Dank. Mein Mann und ich werden Ihre Serie bis zum Schluss mit großem Interesse verfolgen.

Charlotte Adams

Wuppertal-Elberfeld

Cronenberger Straße 167

Nr. 50 – 28. Februar 1968

Widerstandsbewegung nicht nur am 20. Juli 1944

Waren der Kampf und die Opfer der Widerstandsbewegung im »Dritten Reich« nicht vergebens? Fragte sich NRZ-Leser

Rudolf Höffgen angesichts der politischen Entwicklung in der Bundesrepublik. Er schreibt unter anderem:

»Hiermit möchte ich Ihnen für Ihre Serie »Nachts, wenn die Gestapo schellte ...« meinen Dank aussprechen.

Es ist begrüßenswert, wenn eine Zeitung mit großem Leserkreis mit der Illusion Schluss macht, es habe in Deutschland gegen die Nazis nur eine Widerstandsbewegung gegeben, die vom 20. Juli 1944.

Die Wuppertaler Arbeiterschaft bereitete durch ihr oft gemeinsames Auftreten den Nazis auch nach der Machtübernahme manche Niederlage, vor allem in den Betrieben.

Durch brutalen Terror in der »Kemna« und den anderen Konzentrationslagern sowie durch Inhaftierung der Mitglieder und Funktionäre der Arbeiterbewegung zerbrach schließlich der Widerstand der Arbeiterschaft.

Aber schon 1939 zeigte die Praxis, wie richtig die Aussage war, daß Faschismus auch zwangsläufig Vorbereitung und Durchführung eines Krieges bedeutet.

Heute, nach zirka 23 Jahren, sind die Widerstandskämpfer von 1933 bis 1945 zum Teil tot, bzw. alt und physisch kaum noch imstande, sich aktiv zu betätigen. Manchmal fragen sie sich, ob ihr Kampf und ihre Opfer nicht vergebens waren, in Anbetracht der politischen Entwicklung bei uns. Alte Nazis in führenden Positionen! Eine legale neofaschistische Partei, die offen verkünden darf, dass sie, wenn sie die Macht hat, das alte Reich in den alten Grenzen wiederherstellen wird!

Es ist deshalb gut, wenn jeder noch einmal erlebt, wie es damals kam. Die Zeichen sind die gleichen, Widerstand tut not, ehe es zu spät ist.«

Rudolf Höffgen

Wuppertal-Barmen

Kreuzstraße 71

Nr. 52 - 29. Februar 1968
NRZ-Serie: Gut für den Geschichtsunterricht

Wie waren solche Verbrechen nur möglich? Fragt sich ein weiterer Leser nach dem Studium der NRZ-Dokumentation »Nachts, wenn die Gestapo schellte ...« Und er empfiehlt Wachsamkeit gegenüber ähnlichen Tendenzen in unserem heutigen Staat. Unter anderem schreibt er:

Mit großem Interesse lese ich die in der NRZ erscheinende Serie »Nachts, wenn die Gestapo schellte ...« Als bekannter Antifaschist wurde ich in der Zeit von 1933 bis 1945 fünfmal für kürzere oder längere Zeit inhaftiert und wiederholt bestialisch behandelt. Als sogenannter prominenter Häftling habe ich die von der NRZ geschilderten Terrormaßnahmen vom KZ Kemna über das Moorlager Süstrum, das berüchtigte »Jägerschlößchen« in Düsseldorf, das Mordkommando Wecke bis zur »Geiselverhaftung« im Juli 1944 in Gestapohaft erlebt.

Für unsere Jugend

Die Darstellungen in der NRZ entsprechen genau der Wahrheit und könnten als Geschichtsunterricht für unsere Jugend von großem Wert sein, wenn das Wort von der Überwindung der Vergangenheit für eine demokratische Zukunft ernst genommen wird.

Das schwärzeste Kapitel der deutschen Vergangenheit zwingt uns die Frage auf: Wie war es möglich, sich solchen Verbrechen zu unterwerfen, solche maßlosen Exzesse »im Namen des Volkes« geschehen zu lassen und als Untertanen auf Befehl solcher »Führer« die Welt zu verheeren und unser Heimatland preiszugeben.

Dank an die NRZ

Gerade jetzt, angesichts des Drängens unserer Jugend, aus dem Getto des Untertanentums herauszukommen und den Weg zum demokratisch verantwortungsbewussten Bürger zu suchen, sind solche Lehren aus der Vergangenheit von so großer Bedeutung und kann der NRZ für ihre Beiträge nur gedankt werden.

Zwar wiederholt sich die Geschichte nicht, aber es gibt alarmierende Parallelen. Damals waren sich Antifaschisten oft nicht einig, ließen sich durch weltanschauliche, religiöse oder politische Differenzen zersplittern. Darum waren die Opfer, die unser Volk und die Welt gegen die faschistische Barbarei bringen musste, so groß.

Ihre Serie »Nachts, wenn die Gestapo schellte ...« verdient, in weite Kreise der Bevölkerung gebracht zu werden und ist ein guter Beitrag im Kampf gegen die anwachsende Gefahr des Neofaschismus in allen seinen Erscheinungsformen.

Willy Spicher
Wuppertal-Barmen
Nelkenstraße 12

Nr. 55 – 5. März 1968
Mit der Jugend über den politischen Widerstand reden

Ist der Stadtverwaltung nicht bekannt, dass von den Nazis ein paar Dutzend Antifaschisten umgebracht wurden? Diese Frage stellt eine Leserin als Antwort auf die NRZ-Gestapo-Serie. Sie schreibt:

Sehr geehrter Herr Jann! Es ist begrüßenswert, dass Sie in Ihrer Zeitung in der Artikelserie »Nachts, wenn die Gestapo schellte ...« über die leider bei uns noch unbewältigte Vergangenheit objektiv berichten.

Viel zuwenig weiß unsere jüngere Generation von dieser traurigen Vergangenheit und von dem Widerstand, der gegen dieses Nazisystem geleistet worden ist. Es wäre eine schöne Aufgabe, darüber mit unserer Jugend in den Schulen und in den Einrichtungen des Jugendrings zu sprechen, um ihr bei der Bildung eines eigenen Urteils über die Gestaltung der Zukunft behilflich zu sein. Was wird eigentlich von unserer Stadtverwaltung getan, um solches zu ermöglichen?

Gibt es in Wuppertal (außer Bernhard Letterhaus und Dietrich Bonhoeffer) irgendwo eine Straße oder einen Platz, der den Namen eines antifaschistischen Widerstandkämpfers trägt? Ist unserer Stadtvertretung nicht bekannt, dass ein paar Dutzend Antifaschisten von den Nazis umgebracht wurden?

Ich wünsche besten Erfolg

Oder will man sich mit diesen Antifaschisten, die ihr Leben für die Freiheit, für den Frieden und für die Menschenwürde eingesetzt haben, nicht identifizieren?

Ihre Artikelserie kann sicherlich dazu beitragen, eine Diskussion über solche Fragen durchzuführen. Dazu wünsche ich besten Erfolg.

Marianne Hecht-Wieber

Wuppertal-Elberfeld

Deweerthstraße 118

Nr. 62 – 13. März 1968
»Martin wollte sich nicht am Angriffskrieg beteiligen«

Mein Bruder Martin, nicht Benjamin, war 1934 Assessor bei der Staatsanwaltschaft Mönchengladbach und verweigerte dort aus Gewissensgründen den ihm von Hitler abverlangten Eid. Somit musste er aus dem Staatsdienst ausscheiden und wurde Justitiar bei der evangelischen »Bekennenden Kirche«. Er erhielt hier einen Gestellungsbefehl, dem er aus den gleichen Gründen nicht Folge leisten konnte. Er wollte sich an einem Angriffskrieg nicht beteiligen …

Er wurde in das Konzentrationslager Buchenwald überführt. Nach sechs Wochen erhielt unsere Mutter eine Nachricht, er sei an einem Herzinfarkt gestorben. Dies war von vornherein unglaubwürdig. und es liegt glaubwürdige Kunde vor, dass er am 14. Juni 1941 vergast wurde.

Martin Gauger
Reproduktion NRZ

Unser Vater war bereits am 1. Februar 1939 infolge einer Hetzkampagne gegen ihn als Schriftsteller verstorben und hat somit den Tod meines Bruders nicht mehr erlebt. Bei seiner Begabung und Vorbildung, seinem Humor und Geschick, mit Menschen umzugehen, stand mein Bruder vor einer vielversprechenden Laufbahn. Er stand in hoher Achtung bei allen seinen Vorgesetzten und Mitarbeitern, vom höchsten bis zum kleinsten!

Paul Gerhard Gauger
Wuppertal-Barmen
Rathenaustr. 13

Nr. 83 - 6. April 1968
Für mich bestand die Frage: Freiheit oder Tod

Die Diskussion um die NRZ-Serie: »Nachts, wenn die Gestapo schellte …« ist noch immer im Gange. Hier einer der vielen Briefe, die die Redaktion in den letzten Tagen erreichten. Hermann Runge, Bezirkssekretär der SPD Niederrhein, schildert darin Erlebnisse aus der »braunen Ära«. Er schreibt unter anderem:

Zu Ihrer NRZ-Serie sei noch zu dem Gefängnisdirektor Dr. Engelhardt erwähnt, dass ich nach dem Attentat auf Hitler von der Gestapo aus dem Betrieb Vorwerk, wo ich im Außentrupp tätig war, abgeholt und in das Polizeigefängnis gebracht wurde. Dr. Engelhardt hat es fertiggebracht, dass ich nach einigen Stunden als Facharbeiter wieder in den Betrieb zurückgebracht wurde.

Als ich am 12. März 1945 erfahren hatte, dass ich zur Anstalt zurückgebracht werden sollte, bin ich ›getürmt‹. An dem Tag stand für mich die Frage im Vordergrund, mein Leben zu verlieren oder die Freiheit wiederzugewinnen. Mit Hilfe von Freunden aus Wuppertal und Heidhausen bin ich am 27. April zu Hause angekommen.

Mit freundlichen Grüßen

Hermann Runge

Nachwort
von Sebastian Schröder

»Der weitverbreiteste Ruf in der Stadt im Tal ist in diesen Tagen das befreiende »Niemals wieder!«

Mit diesem Satz endete am 12. März 1968 die große Artikelserie »nachts wenn die Gestapo schellte...« von Klaus und Doris Jann über den Wuppertaler Widerstand in der Neuen Rhein Zeitung (NRZ).

Das Jahr 1968 – in der Bundesrepublik heißt das Kampf gegen die Notstandsgesetze, gegen den Vietnamkrieg, gegen die aggressiven Kampagnen der BILD-Zeitung. Trotz der Ermordung von Benno Ohnesorg am 2. Juni 1967, trotz des Attentats auf Rudi Dutschke herrscht Aufbruchsstimmung, die autoritären Verhältnisse der westdeutschen Nachkriegsgesellschaft werden nicht mehr ohne Widerspruch hingenommen.

23 Jahre nach der Befreiung fragen die jungen Menschen nach den Verbrechen der eigenen Eltern, der ganzen Generation im deutschen Faschismus. Diese Auseinandersetzungen um die Schuld der Älteren werden häufig unmittelbar geführt. Deshalb steht 1968 in Westdeutschland auch für kämpferischen Antifaschismus. Es gibt breiten Widerstand gegen die offen neofaschistische NPD. Globke, Oberländer, Lübke und Kiesinger sind die bekanntesten Schreibtischtäter der Bundesrepublik – sie stehen stellvertretend für tausende Faschisten in allen Bereichen der Gesellschaft, die ihre Karrieren trotz Blut an den Fingern ungehindert fortgesetzt haben und das politische Leben und auch das Klima in der BRD prägen.

Prof. Dr. Theodor Oberländer war allerdings nicht nur Schreibtischmörder, sondern ganz nah bei den von ihm befoh-

183

lenen Verbrechen. Als politischer Führungsoffizier des Bataillons »Nachtigall« war er mitverantwortlich für die Ermordung tausender Menschen Anfang Juli 1941 in Lwow. Filip Friedmann berichtet: »Es begann mit einer Jagd auf jüdische Männer in den Straßen. Dann wurden die Wohnungen der Opfer durchsucht. Man verschleppte Männer, ganze Familien, auch mit Kindern. Etwa zwei bis drei Tage nach dem ›Blitzpogrom‹ begann eine neue Aktion. Etwa 2000 Juden schleppte man auf den Hof der Pelczynska 59, wo sich damals der Sitz der Gestapo befand. Hier wurden gegenüber den unglücklichen Menschen zwei Tage lang die allerschlimmsten Torturen sadistischen und perversen Charakters angewandt. Rund 1400 Mann, die diese Torturen durchhielten, verschleppte man in den Biloborski-Wald bei Lwow, wo sie erschossen wurden.«

An vielen Orten bilden sich lokale antifaschistische Initiativen, etwa in Bielefeld. Der Inhaber des Oetker-Konzerns, Rudolf-August Oetker, hatte seit 1959 den Bau einer Kunsthalle vorangetrieben, die den Namen des unumschränkten Firmenchefs (seines Stiefvaters) tragen sollte: Richard Kaselowsky. Dieser hatte als SS-Gruppenführer, als Mitglied der NSDAP und vor allem des »Freundeskreises Reichsführer SS« den Oetker-Konzern zum »Nationalsozialistischen Musterbetrieb« gemacht. Vielfältig wurden Aufrüstung und Raubkrieg unterstützt durch »Dr. Oetker« und natürlich stieg der Profit. 1968 setzen sich BürgerInnen der Stadt gegen den Namenspatron Kaselowsky zur Wehr; der feierlichen Eröffnung wird mit Offenen Briefen, Demonstrationen und Teach-Ins entgegengetreten, und so muss die Einweihung der Kunsthalle abgesagt werden. Trotzdem wird die Halle erst 1998 umbenannt, nach drei Jahrzehnten des Ringens.

In Wuppertal werden seit Oktober 1967 die Gräueltaten Wuppertaler Polizisten im Bialystock-Prozess angeklagt. Die grausame Ermordung von über 2000 jüdischen Männern, Frauen und Kindern Ende Juni 1941 im weißrussischen Bialystock wird mühsam aufgedeckt, die Täter sind allesamt angesehene Bürger der Stadt.

Beispielhaft sei ein weiterer angesehener Bürger erwähnt: Prof. Dr. Hans-Bernhard von Grünberg, NSDAP-Mitglied seit 1931, bis 1944 Rektor der Universität Königsberg und als Staatswissenschaftler in weiteren faschistischen Organisationen und Funktionen tätig. Nach 1945 war er im Vorstand der Deutschen Reichspartei, einer Vorläuferpartei der NPD. Die Gründung der NPD im Jahr 1964 wurde maßgeblich in Wuppertal-Vohwinkel vorbereitet durch den ideologischen Vordenker Hans-Bernhard von Grünberg.

Klaus und Doris Jann berichten dagegen über die Menschen des Widerstands, über diejenigen WuppertalerInnen, die sich den faschistischen Tätern entgegengestellt haben. Sie schaffen mit ihrer Artikelserie die einzige Gesamtdarstellung des vielfältigen und breiten Widerstandes in Wuppertal. Die Artikel sind betont lebendig geschrieben, so entsteht für die LeserInnen eine bewegende Unmittelbarkeit zu den Ereignissen und zu den Personen des »anderen Deutschlands«.

Wir dokumentieren mit »nachts wenn die Gestapo schellte ...« eine der bedeutendsten Veröffentlichungen der historischen Literatur über den Widerstand in Wuppertal und zugleich ein eindringliches Zeugnis der »1968er«. Nicht zuschauend und scheinbar neutral, sondern Stellung ergreifend an der Seite der Hitlergegner fordern sie die LeserInnen auch in ihrer Zeit zum antifaschistischen Handeln auf.

Klaus und Doris Jann zeigen, dass es während der 12 Jahre der Naziherrschaft immer Widerstand gegen die Diktatur gab. Trotz Haft, Folter, Ermordung, Zerstörung der Familie konnten die Faschisten die Opposition nicht besiegen. Es haben immer wieder mutige Menschen ihr Leben riskiert im Kampf gegen den Faschismus in Wuppertal. Sie sind heute Vorbilder.

Willi Spicher, von 1963 bis 1978 Vorsitzender der VVN Wuppertal, berichtet über die Folter: »Das erste »Verhör« werde ich nie vergessen. Die Gestapoleute brachten mich ins »Jägerschlößchen«. Sie stießen mich in einen Raum, in dem eine Pritsche stand, voller Blut und Kot. Einige SS-Leute kamen, zwangen mich, meine Kleider auszuziehen. Einer höhnte mit freundlicher Grimasse: »Du wirst hier genauso verrecken wie dein Freund Giersiepen! Du hast es in der Hand. Du kannst es gut haben und kommst raus. Also …?!« Karl Giersiepen aus Remscheid kannte ich gut. Ihn haben sie im »Jägerschlößchen« erschlagen.

Sie hielten mich auf der Pritsche fest. Ein großer, schwerer SS-Mann setzte sich auf meinen Bauch, so dass ich fast keine Luft mehr bekam. Und plötzlich schlugen sie mit Lederpeitschen und einem Knüppel auf mich ein. Noch heute höre ich das Sausen und Klatschen der Peitschen. Immer wieder verdränge ich das. Doch manchmal bricht die Erinnerung einfach durch, lässt sich nicht zurückhalten. Um mich fertigzumachen, hielten sie einige Male bei der Fahrt vom »Jägerschlößchen« zum Gefängnis auf einer Rheinbrücke an, zerrten mich aus dem Wagen und drohten, wenn ich jetzt nicht endlich aussagen würde, wollten sie mich in den Rhein werfen. Es war ja Dezember. So ging das in Abständen mehrere Wochen lang. Allmählich war ich ziemlich kaputt. Da habe ich versucht, mir die Pulsadern aufzuschneiden. Als mich die Gefängnisaufseher fanden, wurde ich nach Wuppertal in eine Krankenhauszelle verlegt. So entkam ich der Folter erst einmal. Ich wog damals noch etwa 100 Pfund.«

»Nachts wenn die Gestapo schellte...« erschien 23 Jahre nach dem 8. Mai 1945, die Zeit des deutschen Faschismus war 1968 überall offen oder versteckt präsent. 2018 begehen wir den 73. Jahrestag der Befreiung, und auch jetzt müssen wir uns den Gespenstern der Vergangenheit entgegenstellen. Mit der AfD haben die Deutschnationalen, die Völkischen eine Partei etabliert, die den Rassismus, den Hass gegen Minderheiten propagiert und auf mehr Ungleichheit zwischen den Menschen abzielt. Sie wollen ein anderes Land. Wir sehen die Gefahr.

Ernst Köchly, Arbeitskollege des ermordeten Gewerkschafters Fritz Senger bei den Stadtwerken, schreibt in seinem Leserbrief: »Vielfach dieselben Kräfte in Wirtschaft und Politik, gleiche oder ähnliche Ursachen, die weite Teile des Volkes in Existenzangst halten, verbunden mit einer Aufrüstung von nicht erlebter Vernichtungskraft, stoßen in der Bundesrepublik auf eine Bevölkerung, die durch die Schuld der Herrschenden und der öffentlichen Meinungsbildner in den letzten 20 Jahren noch keineswegs immer gegen Verführungskünste neuer Rattenfänger immun geworden ist. Von besonderer Bedeutung ist es, heute den Faschismus in den Anfängen zu erkennen und die Kräfte, die ihn fördern und unterstützen, aufzudecken und bloßzustellen. Die Lehren der Vergangenheit gerade in dieser Hinsicht sollten uns helfen, diesmal rechtzeitig eine starke und erfolgversprechende Abwehrfront zu schaffen. Das wurde mir auch besonders deutlich und bewusst, als in der Serie das furchtbare Schicksal meines früheren Betriebs- und Gewerkschaftskollegen Fritz Senger geschildert wurde.«

Wir gedenken der Toten, wir ehren die Überlebenden und bekräftigen für die Zukunft:

Nie wieder Faschismus, nie wieder Krieg!

Bibliografie

CheSchahShit – Die sechziger Jahre zwischen Cocktail und Molotow. Ein Bilderlesebuch, Hamburg, 1986

Finger, Jürgen; Keller, Sven; Wirsching, Andreas: Dr. Oetker und der Nationalsozialismus. Geschichte eines Familienunternehmens 1933 – 1945, München, 2013

Frei, Norbert: 1968 – Jugendrevolte und globaler Protest, München, 2017, aktualisierte und erweiterte Neuausgabe

Huch, Ricarda: Bilder deutscher Widerstandskämpfer. Im Mai 1946 veröffentlichte sie einen Aufruf mit der Bitte um Informationsmaterial, das sie für den geplanten Band verwenden wollte. Das Material stellte Ricarda Huch dem Schriftsteller Günther Weisenborn zur Verfügung (siehe da).

Kühnl, Reinhard; Rilling, Reiner; Sager, Christine: Die NPD. Struktur, Ideologie und Funktion einer neofaschistischen Partei, Frankfurt am Main, 1969

Norden, Albert: Die Wahrheit über Oberländer; in: ders.: Die Nation und wir; ausgewählte Aufsätze und Reden 1933-1964, Band 2, Berlin, 1965; Seite 177 ff.

Okroy, Michael: »...mit Lust und Liebe als anständiger Deutscher Polizeidienst versehen.« Der Wuppertaler Bialystock-Prozess 1967/68 – Ermittlung gegen Polizisten wegen Massenmord; in: Okroy, Michael; Schrader, Ulrike (Hrsg.): Der 30. Januar 1933 – Ein Datum und seine Folgen, Wuppertal, 2004

Podewin, Norbert (Hrsg.): Braunbuch. Kriegs- und Naziverbrecher in der Bundesrepublik und in Berlin (West), Reprint der Ausgabe 1968 (3. Auflage), Berlin, 2002

VVN-BdA Wuppertal: In der Zelle zum Abgeordneten gewählt – Willi Spicher. Nach Interviews und Gesprächen bearbeitet von Klaus Himmelstein, Wuppertal, 1981

Weisenborn, Günther (Hrsg.): Der lautlose Aufstand – Bericht über die Widerstandsbewegung des deutschen Volkes 1933-1945, Hamburg, 1953.

Namens-, Firmen- und Straßenverzeichnis

(Die Ziffern beziehen sich auf die Nummer des Zeitungsartikels)

A

Abendroth, Wolfgang (Vorwort)

Adams, Charlotte (Leserbriefe)

Alemannenstraße 30

Aly, Götz (Vorwort)

AOK 3; 25 (In diesen Tagen)

Assmussen 28

Asussen, Hans 14

B

Barmer Berg- und Straßenbahn 15; 20

Bartels und Feldhoff 15

Barth, Karl 14; 29; 33

Bauer 17

Baumann, D. 26

Baumeister 31

Beckmann, Fritz 30

Beckmann, Joachim 14; 26; 14B

Beckmannshof 4

Bemberg 15; 22

Bender, Paul 15; 39; 15B

Bengson, Willi 23

Bekker 23

Berends, Herbert 10

Bergmann 31

Bergstraße 30

Bertram Ernst 21

Beyenburger Straße 7; 8

Biermann, Hubert 31

Blaeser, Cläre 40; 41

Blaeser, Leni 40

Bleicherstraße 13

Böhne, Otto 8

Bökenkrüger, Willi 8

Bonhoeffer (Leserbriefe)

Borgmeier 23

Bredderstraße 4

Breuer, Hans 19

Brienne, Heinz 3; 17; 39

Brink, Robert 8

Brüning 1

Bube 19

Budde 15

C

Carls, Hans 32; 33; 32B

Cossmann, Villbrand und Zehnder 15; 22

Christmann, August 8

Cronenberger Straße (Leserbriefe)

Cuhlmann 23; 24

D

Dahlmann 38; 42

Deweerthstraße (Leserbriefe)

Dobbert, Alfred 31

Domagkweg (Leserbriefe)

Drewes, Karl 18

Dröner 5

Düsseldorfer Straße 40

Dutschke, Rudi (Vorwort)

E

Eberle 5

Ebert 5

Eichhöfer 39

Emil-Uellenberg-Platz (Leserbriefe)

Engelhardt 38; 39; 41; 42; (Leserbriefe)

Engels 11

Enz, Willi 8

Erlemann, Karl 8

F

Farthmann, Friedhelm (Vorwort)

Filbinger, Hans (Vorwort)

Florian 41B

Franzenstraße 23

Freisler 34

Friedmann, Filip (Nachwort)

Friedrich 2; 5

Frowein, Carl 13; 14; 28

Fuchs 31

Funke, Emil 30

Funke, Ewald 3; 30; 30B

Funke, Kurt 30

Funke, Otto 30

F.W. Köhler 27; 28; 27B

G

Gauger 28; 34

Gauger, Benjamin (Martin) 34; (Leserbriefe)

Gauger, Paul Gerhard (Leserbriefe)

Giersiepen, Karl (Nachwort)

Gilßberg, Josef 23

Glitzbach 19

Globke, Hans (Nachwort)

Goebbels, Josef 1; 2; 19

Göbel, Hermann 9

Göbel, Klaus (Leserbriefe)

Göring 15

Goeke, Knulp 31

Goeke, Willi 31; 31B

Goethe 17

Graeber, Friedrich 14

Grüber 33

Grünberg, Hans-Bernhard von (Nachwort)

Guse, Paul 8

H

Habenicht 22

Hagemann 39; 42

Haspeler Schulstraße 6, 16; 18

Hecht-Wieber, Marianne (Leserbriefe)

Heidter Straße 14

Heiermann 26

Heil, August 18

Heinemann, Gustav 14

Heinzelmann, Willi 17

Held, Heinrich 14; 29; 14B

Hellweg, Erich 16

Hellwig, Erich 21

Hennig, Gerd 31

Hensel 14B; 15B; 18B; 26B; 27B; 31B

Herberts, Kurt 31; 31B

Hesse, Edmund 12

Hesse, Eduard (Leserbriefe)

Hesse, Helmut 12; 33; (Leserbriefe)

Hesse, Hermann 12; 26; 29; 30; 33; 28B; (Leserbriefe)

Hesse, H. Klugkist 12; 13; 26; 29; 30; (Leserbriefe); 28B

Hesse, Hermann Klugkist (Leserbriefe)

Heß, Rudolf 23

Himmler 26; 33

Hindenburg 2; 5

Hinrichs, Ludwig 36

Hilgers, Alfred 7; 9

Hirtsiefer 8; 9

Hitler, Adolf 1; 2; 5; 11; 23; 31; 34; 35; 37; 40

Höffgen, Rudolf 23; (Leserbriefe)

Hoegen 23

Höhler, Helmut (Leserbriefe)

Hölzer 26

Hoffmann, Oskar 8

Hohmann, Willi 8

Homann 17

Homburg 17

Hombitzer 23

Huch, Ricarda (Vorwort)

Hufenstuhl 18; 42

Hugostraße 29

Hundt, Inga (Danksagung)

Humburg, Manfred 28

Humburg, Paul 11; 28; 29; 14B

I

Ibach, Karl 16

Immer, Karl 12; 13; 14; 27; 13B

J

Jäger 15
Jann, Doris (Vorwort; In diesen Tagen)
Jann, Inga (Erinnerungen)
Jann, Klaus (Vorwort; In diesen Tagen; Nachwort)
Jann, Sascha (Vorwort)
Jericho 19; 23
Jordan, Hanna 40; 41

K

Kaps, Alfons 36
Kaps, Alois 36
Kaps, Paul 36
Kaselowsky, Richard (Nachwort)
Kettig, Otto 4; 25
Kiesinger, Kurt Georg (Vorwort; Nachwort)
Klarsfeld, Beate (Vorwort)
Kniestraße 1
Klaus, Fritz 1
Klausen 4; 27
Kleiner Werth 4
Klingelholl 13; 27; 33
Klug, Erich 18
Kluge, Werner (Leserbriefe)
Knorr, Lorenz (Vorwort)
Koch, Werner 26, 37
Köchly, Ernst (Leserbriefe; Nachwort)
Köhler, F.W. 27; 28;
Kölner Straße 16
Königshöher Weg 16
Königsstraße (Heute Friedrich-Ebert-Straße) 41

Krämer 19; 23

Krampen 26

Krause, Reinhold 13

Kreikenbaum 19; 23

Kreuzstraße (Leserbriefe)

Kropp, Otto 35; 35B

Krüger, Dirk (Vorwort)

Krummacher 11

Kruse 17

L

Landowski, Franz 5

Leimbacher Straße 23

Letterhaus, Bernhard 34; 35; 34B (Leserbriefe)

Lesser 29; 30; 28B

Ley, Robert 17

Löhde 31

Lohmer, Erich 38

Luisenstraße 16; 26

Lübke, Heinrich (Nachwort)

Lünink, Heinrich 16; 17; 38

Lünink 38

Lusebrink 41

Lust, Werner (Vorwort)

Lutze, Hermann 26; 26B

M

Mainzer, Franz 21

Malraux 24

Malraux, Andre 24

Mann, Adolf 8; 20

Mannsfeld 40; 41

Marienstraße 3
Masurenstraße (Leserbriefe)
Matthieu, Peter 19
Merten 19; 23
Model 38
Montanus und Ehrenstein 27
Mühsam, Erich 15
Müller, Ludwig 11
Muth, Klara 19
Muth, Willi 19; 23; 19B

N
Nau, Walter 3
Nelkenstraße (Leserbriefe)
Neuhoff, Hugo 7
Neumarkt 12
Neumarktstraße 38
Niemann 8
Niemöller, Martin 27;33: 27B; 33B
Nietschestraße 23
Norden, Albert (Vorwort)

O
Obendiek, Harmannus 11
Oberheid 13
Oberländer, Theodor (Nachwort)
Obermeier 23
Oetker, Rudolf-August (Nachwort)
Oerlemans, A.C. 22
Ohnesorg, Benno (Nachwort)
Ottostraße (Leserbriefe)

P

Paczkiewicz, Doris (Vorwort)
Parlamentstraße 6
Pauli 8
Pedrotti, Eugen 18
Pedrotti, Franz 18
Pendinghaus 26
Peters 18
Petersdorf, Georg 8
Phillipiak 23
Pickard 19; 23
Pieck, Wilhelm 30
Plutte 28
Poelchau, Harald 35
Pohlmann 40
Print August Wilhelm von Preußen 9

Q

Qutizau, Emil 8

R

Radtke 31
Rathenaustraße (Leserbriefe)
Reimann und Meier 17
Riemeck, Renate (Vorwort)
Ripke, Axel 2
Röhm 17
Rodewig, Hermann 10
Rödigerstraße 30
Römer, Fritz 10
Rossaint 41; 42

Rosenberg, Alfred 26; 28

Rott 18

Rudolf-Herzog-Straße 3

Rüddenklau, Friedrich-Wilhelm 22

Runge, Hermann 39; (Leserbriefe)

S

Sander, Walter 10; 18

Sauerwald 42

Schäfer, Herbert (Leserbriefe)

Scharf 39; 41; 42

Schauwecker 21

Schellma, Heinz 4

Scheffels 19

Schleicher, Kurt 1

Schlemmer 31

Schlingensiepen 11

Schneider, Dieter 26

Schneider, 26; 26B

Schönwald, Kurt 8

Schütt 23

Schüttler 18

Schützenstraße 20

Schuckertstraße (Leserbriefe)

Schulte, Fritz 8

Schwarzer Weg 16

Schweitzer 41

Seelbach Leserbriefe

Senger, Fritz 8; 20; 21; 20B; (Leserbriefe; Nachwort)

Senger, Sophie 20

Sopp, Minna 41

Sparrenberg 26

Spicher, Willi (Leserbriefe; Nachwort)
Sproedt 26
Stamm, Peter 35
Stamm, Robert 35
Stein 19; 23
Steineganz 41
Steiner 33
Stodt, Oscar 37
Stolz (Leserbriefe)

T
Thierack 35
Tölle 15
Trappmann, Abraham 8

U

V
Veller, Willi 1; 2; 5; 7; 8
Vesting, Fritz 16
Volker, Ernst 16
Von Bodelschwingh, Fritz 11
Von-der-Heydt-Gasse 6; 17; 18; 19; 20; 24; 25; 29; 30; 29B
Von Galen 32
Von Ossietzky, Carl 15
Von Papen 1
Von Westphalen, Karl (Vorwort)
Vorwerk und Co.15; 17; 39; (Leserbriefe)

W
Wagner, Winifred 30

Watermann, Paul 17; 19
Wecke 19
Weisberg, Harry 29; 29B
Weisenborn, Günther (Vorwort)
Weiss, Peter (Vorwort)
Wesenfeld 5
Wilkesmann 23
Wittensteinstraße 1
Wolters 9

Z
Ziersch 15
Ziegelstraße 23
Ziegler 33
Zimil 18

Dirk Krüger
Gegen das Vergessen
Fünf Wuppertaler Arbeiterschriftsteller
und Widerstandskämpfer gegen die
Nazi-Diktatur stellen sich vor
Paperback, 408 Seiten
EUR 18,00, 2018;
ISBN 978-3-943940-43-5

> *»Trotz alledem, der Freiheitsbaum*
> *Wird dennoch Früchte tragen!«*

Das schrieb Werner Möller 1919. Möller ist einer der fünf Arbeiter-
Schriftsteller, die in diesem Buch von Dirk Krüger vorgestellt und
nahe gebracht werden. Allen fünf ist gemeinsam, dass sie sich früh
politisch engagiert haben – als Sozialisten und als Kommunisten.
Gemeinsam ist ihnen auch, dass alle aus Arbeiterfamilien stamm-
ten, ihre Handwerksberufe erlernten und eine große Liebe zum
Wort entwickelten: Trotz der Wirren, die der erste Weltkrieg, die
Weimarer Republik, die Nazi-Zeit und der Zweite Weltkrieg mit
sich brachten, behielten sie, die ihre Berufe oft gar nicht ausüben
konnten und massiven Repressalien ausgesetzt waren, ihre Liebe
zum Schriftstellern und Dichten bei. Und sie behielten, wenn man
Möllers Gedichtzeile liest, ihren Optimismus und ihren Glauben
an eine bessere Zukunft, an eine bessere Welt.
Gerade in unserer Zeit, die aktuell wieder von Krieg, von Unterdrückung und von autokratischen Bestrebungen geprägt ist,
lohnt es, sich an den Optimismus der Menschen zu erinnern, die
ihre politische Überzeugung stolz gelebt haben und die einem
totalitären Regime ihren Mut und ihren Widerstand entgegen
gesetzt haben.
Durch die Aufarbeitung der Biographien und der Werke der fünf
Barmer und Elberfelder Männer, die hier vorliegen, wird nicht
nur ein gutes Stück Geschichts- und Erinnerungsarbeit geleistet.
Wir sollten uns auch inspirieren lassen von der Tapferkeit und
dem Mut dieser Männer, die auch in dunkelster Zeit nie daran
gezweifelt haben, dass die Zukunft menschlich und gut gestaltet
werden kann.

Andreas Mucke, Oberbürgermeister der Stadt Wuppertal

Birgit Ohlsen
Der Wuppertaler Auschwitz-Prozess
(1986-88)
Ausgewählte Mitschriften
Paperback
144 SS.; 2015; EUR 12,00
ISBN: 978-3-943940-15-2

Vom Oktober 1986 bis zum Januar 1988 stand der 1921 geborene Gottfried Weise als Angeklagter vor dem Wuppertaler Landgericht. Gegenstand des Verfahrens waren Tötungshandlungen, die der Angeklagte in dem von der nationalsozialistischen Führung während des Zweiten Weltkrieges in Südpolen errichteten Konzentrationslager Auschwitz im Jahre 1944 an Deportierten und Häftlingen des Lagers begangen haben soll.
Die Autorin hat den Prozess mitschreibend begleitet und legte neben der Dokumentation der Aussagen besonderes Augenmerk auf die Körpersprache des Angeklagten, der während der gesamten beschriebenen Zeit die Aussage verweigerte. Ob dieses Verfahren dazu geeignet ist, ein annähernd vollständiges Bild dieses mehrfachen Mörders in der Maske eines Biedermanns zu vermitteln, wird sich im Nachhinein zeigen.

Rolf Schörken
Indianer spielen und marschieren.
Kindheit und Kinderkultur
im Barmen der 1930er Jahre
Paperback
184 Seiten; 2006; EUR 12,00
ISBN 978-3-935421-23-2

Rolf Schörken, im Fischertal in Barmen aufgewachsen, hat einen »Barmer Ton« für seine Erinnerungen gefunden, der sich wohltuend von bemüht literarischen Biographien unterscheidet und etwas von der nüchtern herzlichen Lebensart beinhaltet, die den Osten Wuppertals ausmacht. Zudem hat der Historiker Schörken einen interessanten Weg gewählt, eine höchst lesenswerte Mischung aus persönlichen Erinnerungen und historischer Analyse zu schaffen, die mehr als regionales Interesse hervorruft.
Schörken spiegelt eine erlebte Zeit und versucht zugleich, ein von den Medien geprägtes Bild der Epoche zu korrigieren.

9 783943 940336